W0369540

LE FENICI ROSSE

Questo libro costituisce una versione riveduta e ampliata di un volume uscito nel 2014 per le Edizioni Centro Studi Erickson. Alcune parti di testo sono state pubblicate su *Repubblica*, sul supplemento *Io donna* del *Corriere della Sera* e sulla rivista *Vita e Pensiero*.

In copertina: Norman Rockwell, *The Problem We All Live With*
(*Il problema con cui tutti noi conviviamo*), 1964
© Artwork Courtesy of the Norman Rockwell Family Agency
Credits: © Norman Rockwell Family Agency. All rights reserved.
Norman Rockwell Museum Collections

Grafica: Pietro Piscitelli/*the*World*of*DOT
Progetto grafico: *the*World*of*DOT

Per essere informato sulle novità
del Gruppo editoriale Mauri Spagnol visita:
www.illibraio.it

ISBN 978-88-235-1325-9

© 2019 Ugo Guanda Editore S.r.l., Via Gherardini 10, Milano
Published by arrangement with the Italian Literary Agency S.r.l.
Gruppo editoriale Mauri Spagnol
www.guanda.it

MARIAPIA VELADIANO
PAROLE DI SCUOLA

UGO GUANDA EDITORE

Una storia da conoscere

L'immagine in copertina (Norman Rockwell, The Problem We All Live With, *1964) rappresenta la bambina afroamericana Ruby Bridges che va a scuola scortata da quattro federali. L'episodio è del 1960. Dal 1954, che è anche l'anno di nascita di Ruby, la Corte suprema ha dichiarato incostituzionale la segregazione a scuola ma solo sei anni dopo in Louisiana si comincia ad applicare la legge, e solo in seguito a una sentenza di una corte federale che ordina la desegregazione delle scuole. I genitori di Ruby Bridges aderiscono alla proposta della National Association for the Advancement of Colored People che cerca famiglie disposte a mandare i propri bambini alle scuole pubbliche per affermare il diritto all'integrazione scolastica non ancora nei fatti riconosciuto. La piccola Ruby supera il test di selezione, studiato appositamente per valutare i bambini afroamericani, per la William Frantz Elementary School di New Orleans, fino a quel momento frequentata solo da bambini bianchi. Con lei altri cinque bambini neri. Tre poi scelgono un'altra scuola, due rinunciano del tutto. Lei decide di frequentare, soprattutto grazie alla determinazione della madre. Nel frattempo Ruby e la sua famiglia ricevono minacce. Allora il presidente degli Stati Uniti Dwight Eisenhower invia i federali che per l'intero anno scolastico la scortano a scuola. Nessun bambino bianco si presenta il primo giorno. I genitori li tengono a casa per protesta. Anche i docenti si rifiutano di insegnare a Ruby. Tutti tranne una, la maestra Barbara Henry, originaria di Boston. Malgrado le minacce Ruby non mostra paura e non perde un giorno di scuola. Dopo il diploma Ruby Bridges lavora come agente di viaggio ed è costantemente impegnata nella difesa dei diritti civili. La Ruby Bridges Foundation si dedica a promuovere la tolleranza e un'educazione inclusiva nelle scuole. Una storia da conoscere.*

PAROLE DI SCUOLA

Albus (Silente)

Nemmeno nei panni del limpido Albus Silente della saga di Harry Potter possiamo essere l'insegnante abbastanza perfetto che i genitori (e i ministri) vorrebbero. Sottoposto al democratico (in quanto finalmente trasversale per ceto, reddito, cultura e geografia) linciaggio che quotidianamente colpisce chi insegna, Albus è certo un irresponsabile in quanto ha lasciato crescere Harry nell'orrida, piatta, perbene, stupida famiglia Dursley, è un sadico perché lo ha abbandonato, spietato, nelle grinfie di Dolores Umbridge, ha trascurato tutte le norme di sicurezza dal momento che i maghetti potevano uscire da Hogwarts di notte, è colpevole di omessa sorveglianza per aver lasciato scoppiare risse fra studenti e averli esposti a rischi mortali, e qualcuno è perfino morto, non ha saputo scegliere i suoi collaboratori, lui che poteva farlo al contrario dei moderni dirigenti, tant'è vero che non si è accorto di una sostituzione di persona e il tremendo Barty

Crouch ha potuto insegnare « Difesa contro le arti oscure » per un intero anno scolastico al posto del buon Alastor Moody. Quanto al fatto di aver sacrificato la vita per Harry, questo capita solo nei libri. Nella scuola vera non si dà nemmeno in metafora (e in questo il giudizio comune sbaglia, eccome).

Quindi rilassiamoci.

O anche no. Perché non c'è ragazzo vero che non vorrebbe avere Albus Silente come insegnante o preside. E allora qui c'è qualcosa che dobbiamo guardare per capire. Come accade che si stia dissipando un tesoro di fiducia di cui la scuola, secondo tutte le indagini, in Italia godeva?

Nella scuola degli ultimi vent'anni coloro-che-non-possono-essere-nominati, per restare nel mondo del maghetto della Rowlings, o semplicemente gli esclusi o a rischio di esclusione, si sono moltiplicati con la furia di una magia malriuscita venuta fuori dalla bacchetta magica dei nostri « derisori » politici. Dopo le esperienze di partecipazione e inclusione degli anni Settanta, si sta mettendo in discussione tutto e si riparla di classi speciali per stranieri, di rivedere l'inserimento dei ragazzi con disabilità, di scuole fortemente caratterizzate sul piano dell'identità, si tratti di identità cristiana o mussulmana. È come se l'esperienza di inclusione e integrazione pensata e voluta per la scuola non avesse saputo uscire dalle aule e sconfinare felicemente nella società per costruirla diversamente aperta e accogliente. Ma il meccanismo dell'esclusione non risparmia nessuno perché nasce da una paura che trova il suo sollievo nella forza di un'identità che ha bisogno di nemici per rafforzarsi. Ed è arrivato appunto ai docenti questo meccanismo. Non solo essere docenti non è più in alcun modo prestigioso. E pace. Ma non è quasi neppure dignitoso nel comune sentire. Si parte a insegnare con un debito di fiducia, ed è tutto da dimostrare l'esser bravi insegnanti. «Almeno il postino prende la pioggia» ha detto uno studente che contestava la fatica dell'insegnare.

In un lavoro pubblicato qualche anno fa sull'integrazione dei romeni in Italia* si legge: «A una reputazione ascritta, attribuita in virtù dell'appartenenza nazionale, si può sostituire una reputazione acquisita, legata alla capacità di farsi giudicare sul piano personale e di farsi riconoscere come *diversi dai romeni* o come *romeni diversi*». Viene in mente qualcosa? Non è questa ormai anche la condizione dell'insegnante a scuola? Farsi riconoscere come diverso dagli insegnanti (fannulloni, incapaci, illicenziabili e quindi impuniti) e come insegnanti diversi?

* Davide Donatiello, *Farsi una reputazione. Percorsi di integrazione di immigrati romeni*, Carocci, Roma 2013.

Ogni parola

«Giardino di parole.» Con questa inattesa bellissima letteraria espressione la Bibbia ci consegna il Paradiso. Che il Paradiso sia pensato come un giardino lo sappiamo. Dall'etimologia della parola, e dal racconto biblico del paradiso terrestre, giardino in cui l'armonia è spontanea, regalata, non c'è bisogno di azione, è puro atto del godere la vita in cui ci si trova.*

* La parola «paradiso» viene dall'antico iranico «pairideza», «pardes» in ebraico e «parádeisos» in greco. La parola indicava un giardino chiuso e lussureggiante. Solo tre volte nell'Antico Testamento si parla di paradiso: Ct 4,13; Qo 2,5; Ne 2,8. La Genesi parla solo di «giardino». Anche nel Nuovo Testamento la parola *parádeisos* è presente tre volte: Lc 23,43; 2 Cor 12,2-4, Ap 2,7 non più con il significato di giardino ma con quello di aldilà felice, aldilà che realizza il Regno. Paradiso di Dio, si legge nell'Apocalisse. Ma l'unica descrizione di questo Paradiso di Dio viene dall'esperienza mistica che Paolo racconta nella seconda lettera ai Corinti, quando parla del (suo) essere stato rapito in Paradiso dove ha udito «parole indicibili che non è lecito ad alcuno pronunciare». Il Paradiso giardino di parole.

Un «giardino di parole» è sorprendente. Dopo la caduta non c'è più il giardino-paradiso terrestre e ogni giardino va coltivato, nella realtà e nella metafora. E allora ecco che la terra nostra in cui siamo chiede di coltivare parole per costruire il giardino in cui poter vivere.

Una piccola incursione, restando tra le pagine della Bibbia, fra i libri sapienziali, ci fa sapere che gli ammonimenti che riguardano il buon parlare sono di molto più numerosi rispetto a quelli che riguardano la sessualità, ad esempio, o la guerra. E anzi, spesso i conflitti fra gli uomini, e le guerre anche, sono messi in relazione con il malo uso della parola. Una piccola rassegna di espressioni:

Maledici il calunniatore e l'uomo che è
bugiardo,
perché hanno rovinato molti che stavano
in pace.
(Sir 28, 13)

Un colpo di frusta produce lividure,
ma un colpo di lingua rompe le ossa.
Molti sono caduti a fil di spada,
ma non quanti sono periti per colpa della lingua.
(Sir 28,17-18)

Spaventosa è la morte che la lingua procura,
al confronto è preferibile il regno dei morti.
(Sir 28,25)

Nel parlare ci può essere gloria e disonore:
la lingua dell'uomo è la sua rovina. (Sir, 5,13)

Poi c'è tutta la rassegna del potere buono della parola:

Una bocca amabile moltiplica gli amici,
una lingua affabile le buone relazioni. (Sir 6,5)

Fino alle dichiarazioni più alte e più conosciute, che sono potenti e sorprendenti e solo il fatto che le abbiamo molto sentite fa sì che non restiamo incantati a pensare quel che vogliono dire. Ad esempio il bellissimo

> *come infatti la pioggia e la neve scendono dal cielo e non vi ritornano senza avere irrigato la terra, senza averla fecondata e fatta germogliare, perché dia il seme a chi semina e il pane a chi mangia, così sarà della mia parola uscita dalla mia bocca: non ritornerà a me senza effetto, senza aver operato ciò che desidero e senza aver compiuto ciò per cui l'ho mandata.* (Is 55, 10-11)

Oppure, il teologicamente abissale:

In principio era il Verbo,
e il Verbo era presso Dio
e il Verbo era Dio. (Gv 1,1)

Dove l'idea di un Dio che è Parola è polemicamente lontanissima dall'idolo materiale del paganesimo. E questa è la lettura che la storia delle religioni ci consegna. Ma al di là, o al di qua, del credere e del non credere, c'è l'idea che la parola è capace di contenere qualcosa del nostro essere divini, comunque si voglia intendere questa espressione. Unici? Più preziosi di quel che sappiamo? Veri? La parola è capace di custodire il buono della nostra comune umanità.

Eppure.

Eppure il potere della parola è molto particolare. Perché la parola è affidata alla libertà degli uomini e delle donne che la pronunciano, e che l'ascoltano. È un potere « debole » in quanto la parola può essere letta sì, ma anche abbandonata, ignorata. Forte perché la parola può trasformare la vita. E quante ne ha trasformate. È potentissimo perché può uccidere: ti odio, va' via, non vali niente. E poi la parola può essere manipolata. La storia ci mostra continuamente come il potere manipola le parole e ne rovescia il significato. E capita di sentir chiamare bellezza la maschera devastata dal rifiuto di sé, il viso fatto e rifatto e ricucito e plastificato. Oppure capita di chiamare libertà l'occhiuto e precario spionaggio offerto da telecamere che richiederebbero un'altra vita parallela alla nostra per difenderci davvero nel momento del pericolo. Versione tecnologica delle guardie del corpo. Anche a scuola.

E capita di chiamare amicizia il clic su uno schermo e non sapere il corpo dell'altro come se un rapporto potesse farne a meno.

Ma poi la parola sorprende perché, pur nell'uso distorto che ne facciamo, arriva l'espressione che conserva la sua verità: « è una bella persona ». E allora la parola strappa la bellezza al canone malato di oggi fatto di altezza e peso e misure e oggetti ed età (sempre giovane, altrimenti belli non si può essere). E la bella persona è limpidamente quella che contribuisce al bene della nostra vita, ci fa star meglio, rende più « bello » il mondo intorno. Come « i piedi del messaggero di lieti annunzi che annunzia la pace » di Isaia (52,7), che son certo strisciati e sporchi e sanguinanti sulle pietre delle strade bibliche, ma son belli perché fanno bello il mondo portando la pace.

La parola abita le aule di scuola.

Ecco la scelta di mettere al centro le parole. Perché possono essere forti senza essere violente, possono trasformare il mondo, possono ricostituire la fiducia e la giustizia, e mettono in gioco la volontà, l'intelligenza delle donne e degli uomini.

La terra della vita buona è un bel giardino di parole coltivate. Ed è un compito, questo, che oggi è quasi completamente affidato alla scuola. Perché il mondo intorno alla scuola vive una realtà in cui le parole sono dissipate, rovesciate, ossessivamente associate al contrario del loro primo lineare significato, piegate al volere e soprattutto al potere. « La grande mascherata del male » l'ha chiamata « sul limitare del 1943 » Dietrich Bonhoeffer in uno scritto magistrale per analisi e lucidità,* ripercorrendo la catastrofe da cui veniva e intuendo la voragine verso cui la storia stava andando. E allora resta la scuola, quando le parole si son perse, la scuola ritrova la strada. Qualcuno ha detto tempo fa che la scuola è un potere forte. Vero, ma non nel senso inteso da chi parlava. Potere fortissimo, sì, di dare ai bambini e poi ai cittadini le parole per dirsi, capirsi, difendersi, capire il sopruso e poi lottare contro l'ingiustizia.

* Dietrich Bonhoeffer, « Dieci anni dopo. Un bilancio sul limitare del 1943 », ora in Id., *Resistenza e resa. Lettere e scritti dal carcere*, Queriniana, Brescia 2002.

Da dove cominciare. Integrazione

Perché «integrazione» e non «inclusione»? Perché in italiano la parola ha conservato il significato proprio del latino da cui proviene, cioè l'idea di un movimento che porta al compimento della realtà, che rappresenta sia un crescere della realtà di cui si parla, sia un farla diventare diversa da come era prima proprio grazie al nuovo che è arrivato. Farla diventare come deve essere, cioè integra, che tutto comprende. Giocando sui significati, si può pensare che se il contrario di «inclusione» è «esclusione», allora l'inclusione è proprio un obiettivo minimo da raggiungere, un lasciare spazio, appunto, a tutti. Il contrario di «integrazione» è più difficile da dire, i dizionari danno «ghettizzazione», «emarginazione», comunque qualcosa di molto radicale. Possiamo pensare che fra queste possibilità ci sia anche «disintegrazione». Se il contrario di «integrazione» è «disintegrazione» allora è in gioco tutto. Una società disintegrata è finita. È il tutto contro tutti, è la guerra. Reale o metaforica non conta perché in ogni caso è la fine della convivenza. C'è una umanità da preservare. Non si tratta solo di trovare per tutti uno spazio dentro, la scuola e il mondo, ma di far diventare diversa la realtà così che tutti trovino la propria vita.

In verità le parole dell'integrazione sono « tutte ». Tutte le parole del mondo. Più parole per dirsi, più per capirsi. La nostra poverissima lingua d'oggi è la lingua del mercato: « voglio-non voglio », « compro-non compro », « bello-brutto », « amico-nemico », « italiano-straniero », « noi-loro », « io-loro ». La lingua povera e duale prepara la guerra, perché costringe a stare di qua o di là, un mondo in cui la radicalizzazione è la regola. È il mondo in guerra. Meno parole vuol dire meno pensiero. Slogan al posto dell'argomentare. Convinzione al posto di ascolto.

Bisogna amare le parole per coltivare un possibile piccolo nostro paradiso in cui la realtà sia migliore.

Da dove cominciare. Armonia

Proviamo.

> Una donna deve sottomettersi con umiltà e portare rispetto, mettere gli altri davanti a sé e se stessa per ultima; se ha dei meriti non deve farne parola, se ha dei torti non deve negare l'evidenza; deve sopportare le umiliazioni e tollerare gli affronti, comportandosi sempre come se fosse intimorita: è quel che si dice essere umili e sminuirsi di fronte agli altri.*

È Ban Zhao, secondo secolo d.C., storica, letterata, consigliera dell'imperatore. Ha davanti la disuguaglianza scolpita nei ruoli, nei pensieri, nell'arte anche di una civiltà peraltro divina, che ammiriamo con lo sgomento per quel che di infinito ci regala

* Ban Zhao, *Precetti per le donne e altri trattati cinesi di comportamento femminile*, Einaudi, Torino 2011, p. 5.

nel tempo. E invece. Ban Zhao non usa mai la parola uguaglianza qui.

Più avanti continua:

> Prendiamo ora in esame gli uomini d'oggi [...] Educare solo i maschi e non le femmine non significa forse essere ciechi di fronte alla relazione fondamentale che unisce gli uni alle altre? Secondo quanto prescrivono i Riti, si dovrebbe iniziare a insegnare ai bambini a scrivere, leggere e far di conto all'età di otto anni, e a quindici anni dovrebbero intraprendere gli studi a livello superiore. Mi chiedo soltanto perché mai non ci possiamo attenere a questo principio anche per quanto riguarda l'educazione delle bambine.*

Ban Zhao è tutta dentro una società che non riconosce la parità ma qui non rivendica la parità, rivendica la cultura. E non per spirito di giustizia, che sarebbe qualcosa che a noi suona familiare, normale, ovvio. E quindi trasparente al nostro pensiero. Chiede la cultura perché la costruzione dell'armonia del cosmo la richiede.

Bellissimo. Non c'è dietro una rivendicazione individuale, del singolo. Nemmeno collettiva, di

* Ban Zhao, *op. cit.*, p. 10.

un gruppo. È l'armonia del cosmo in gioco. Vuol dire la bellezza che rende la vita degna di essere vissuta.

Si potrebbe cominciare da qui allora, dalla parola armonia. E dall'armonia fondamentale che in qualche modo ricomprende tutte le altre armonie, ovvero l'armonia fra generi. È un'armonia da cui siamo così lontani che non si sa da che parte prenderla. Nel mondo intero, non solo nella società occidentale e in Italia in particolare. Nella costruzione di questa armonia fra generi la scuola ha un ruolo grande quanto trascurato. Ce l'ha sia nel suo rappresentare una comunità in cui il rapporto fra generi implicitamente racconta qualcosa e quindi trasmette qualcosa, un modello, sia nel mettere a tema il problema per portarlo a consapevolezza e vederne le implicazioni e distorsioni, sia infine nel proporre esplicitamente un modello attraverso i percorsi scolastici e la loro strutturazione.

Da noi la professione dell'insegnante è femminile. Che cosa racconta della nostra società il fatto che l'insegnamento sia una professione soprattutto di donne? Che l'insegnante non è considerato socialmente, ad esempio. Perché la psicologia sociale ci dice che la nostra società « concede » alle donne ruoli che non considera importanti, che paga poco e che non offrono possibilità di carriera.* E dire dove stia la causa e dove l'effetto è un altro bel tema da svolgere.

Ma è un sapere condiviso degli studi sull'argomento il riconoscere che la figura dell'insegnante oggi non si accompagna a prestigio e potere. Eppure dovrebbe, a pensarci. Un tempo, la letteratura ce lo ricorda, capitava.

Le donne si laureano in maggioranza in scienze umanistiche (77%), sociali (62%) e nelle professioni assistenziali, sanitarie e in medicina (66%). Da quindici anni la percentuale di iscrizioni femminili è sostanzialmente ferma nelle facoltà di informatica (15%), fisica (30%), ingegneria (18%). È quella che viene chiamata la « segregazione orizzontale » nello studio, che porta con sé la segregazione nelle occupazioni (dati del « Rapporto ombra 2016/2017 » del CEDAW, Convenzione dell'ONU per l'eliminazione di ogni forma di discriminazione contro le donne).** Inoltre, malgrado al momento

* Chiara Volpato, *Psicosociologia del maschilismo*, Laterza, Roma-Bari 2013.

** La Convenzione per l'eliminazione di ogni forma di discriminazione contro le donne (CEDAW, *Convention on the Elimination of All forms of Discrimination Against Women*) è stata adottata dall'Assemblea Generale dell'ONU nel 1979 e ratificata dall'Italia nel 1985. Nel 2000 la Convenzione si è dotata del Protocollo opzionale, uno strumento di tutela contro le violazioni, ratificato dall'Italia nello dell'iscrizione all'università e ai dottorati di ricerca maschi e femmine si equivalgano, nel passaggio alla carriera accademica le donne abbandonano progressivamente: sono il 50,6% dei titolari degli assegni di ricerca, il 45,9% dei ricercatori universitari; il 35,6% dei professori associati, il 21,4% dei professori ordinari. Solo 6 donne su 82 sono rettori universitari, ovvero il 7,3%.

La prevalenza delle donne a scuola racconta poi che l'insegnamento è da noi visto in continuità con il lavoro di «cura», che lo stereotipo di genere lascia ancora alla donna. Anche se poi alla scuola si chiede di preparare alla «società della conoscenza», e la vastità dell'espressione viene declinata soprattutto in termini di misurazione degli apprendimenti, standard in uscita, accesso all'eccellenza.

È vero che condividiamo il fenomeno con l'Europa, con una differenza sostanziale però: altrove i

stesso anno. Ogni quattro anni gli Stati firmatari devono presentare un rapporto governativo in cui illustrano tutte le misure che i propri governi hanno realizzato per raggiungere i risultati richiesti dalla CEDAW. La società civile ha la possibilità di redigere ogni quattro anni, parallelamente ed in maniera autonoma, un proprio rapporto, il cosiddetto «Rapporto Ombra», per fornire al Comitato CEDAW una propria analisi della condizione delle donne nel proprio paese e delle carenze a cui lo Stato deve ancora far fronte. Il sito: hiip://www.un.org/womenwatch/daw/cedaw/. I dati sono qui presi dall'ultimo rapporto, 2016/2017: hiips://www.aidos.it/2017/06/13/lo-stato-di-salute-della-cedaw-nel-2017/

governi si preoccupano e mettono in atto programmi per migliorare l'equilibrio di genere fra insegnanti, da noi no. I rapporti Eurydice, la Rete di informazione sull'istruzione in Europa, raccolgono regolarmente queste iniziative che riguardano Irlanda, Olanda, Regno Unito, Norvegia, Repubblica Ceca. Noi no. E ci sono anche Paesi che hanno progetti precisi per attirare più donne verso le posizioni direttive nell'istruzione. Noi no.

Ci si può chiedere se sia così importante avere una presenza equilibrata di uomini e donne a scuola.

Certo che sì. Semplicemente perché, scrive un rapporto Eurydice,* « gli insegnanti hanno un ruolo cruciale nella comprensione dei ruoli di genere da parte dei giovani e anche la comprensione del loro stesso ruolo di genere ha molta influenza e può contribuire o a mantenere o a rompere gli stereotipi di genere nella scuola ». Semplicemente perché è bene che i ragazzi vedano uomini e donne collaborare fra loro e per la loro formazione. Come sarebbe bene che accadesse nella società tutta. E per questo ancora più importante è che il tema del genere sia presente nella formazione iniziale degli insegnan-

* *Differenze di genere nei risultati educativi. Studio sulle misure adottate e sulla situazione attuale in Europa*, Rapporto Eurydice 2010, p. 89.

ti e nella formazione continua dei docenti. Come capita in Finlandia, Olanda, Norvegia ad esempio, dove esistono progetti che mirano a equilibrare la presenza di docenti maschi e femmine nelle scuole. In Italia non c'è (quasi) niente di simile. La scuola trentina ha ospitato dal 2011 un bel progetto di Educazione alle relazioni di genere. Una collaborazione fra l'Assessorato all'università e ricerca, politiche giovanili, pari opportunità, cooperazione allo sviluppo della Provincia autonoma di Trento, la Commissione provinciale Pari Opportunità tra uomo e donna e il Centro di Studi Interdisciplinari di Genere dell'Università di Trento e l'IPRASE.* «Il mondo della scuola si configura come un ambito fondamentale per promuovere una cultura di genere orientata all'equità e al riconoscimento dell'altro, sviluppando una consapevolezza critica rispetto ai modelli dominanti nella società.» Questa la presentazione del progetto, rivolto a bambini e bambine della scuola dell'infanzia, a ragazzi delle secondarie, a docenti e genitori. L'adesione libera ha permesso di coinvolgere insegnanti della scuo-

* È l'Istituto provinciale trentino per la ricerca, l'aggiornamento e la sperimentazione educativi. Forse l'unico rimasto in Italia dopo la soppressione di IRRSAE (Istituti di Ricerca Regionali, di Sperimentazione e Aggiornamento Educativi) e IRRE (Istituti Regionali Ricerca Educativa).

la primaria interessati a individuare gli stereotipi di genere presenti nei libri di testo, nei racconti e nei romanzi normalmente proposti ai bambini, ha permesso di decifrare i messaggi impliciti e spesso inconsapevoli che parole ed espressioni comuni trasmettono a bambini e a bambine. Il progetto ha liberamente coinvolto i genitori. Chi ha ospitato i laboratori di ricerca e azione sugli stereotipi ha visto la bellezza della sorpresa, nei bambini e nelle bambine e nei loro genitori. Far scoprire che i desideri e i sogni sono, anche senza intenzioni, a volte eterodiretti, condizionati dall'ambiente in cui si vive, fa parte del compito educativo della scuola. Il progetto era soprattutto orientato a favorire corrette relazioni fra maschi e femmine, a contrastare la violenza nascosta negli stereotipi, a portare alla luce quel che può avvelenare i rapporti fra le persone. Inoltre il progetto, essendo un laboratorio, diventava attività di formazione per gli insegnanti.

Ecco. Quest'anno 2018-2019 l'attività è stata «sospesa» con una circolare del dicembre scorso dal nuovo governo a guida leghista della Provincia autonoma di Trento perché «Si ritiene necessario verificare la piena coerenza dei contenuti educativi dei percorsi con le aspettative delle famiglie rispetto ai valori che la nuova giunta intende perseguire». Cosa vuol dire? Che la politica e soprattutto la scuola deve corrispondere alle aspettative delle famiglie? O che le famiglie devono corrispondere ai nuovi valori della giunta? Famiglia, aspettativa e valori sono le componenti retoriche perfette della pietra filosofale capace di trasformare ogni discorso demagogico nell'oro del consenso. Intanto una lunga condivisa esperienza educativa orientata al vivere rispettoso è stata soppressa e niente l'ha sostituita.

Gender

Si è rovesciato sulla scuola come una tempesta perfetta, nel senso più proprio dell'espressione. Cioè una tempesta devastante non in ragione della sua forza, ma del fatto che ha colpito un luogo dagli equilibri delicati e in modo del tutto inatteso. Gender è parola inglese e si traduce «genere». I «Gender Studies» sono studi scientifici che hanno soprattutto mostrato «che il sessismo, l'omofobia, il pregiudizio e gli stereotipi di genere sono appresi sin dai primi anni di vita e sono trasmessi attraverso la socializzazione, le pratiche educative, il linguaggio, la comunicazione mediatica, le norme sociali.»* In Italia l'espressione è arrivata non tradotta e monca. Spariti gli studi è rimasto il gender, gonfio dei segreti di un termine straniero da noi senza sto-

* Associazione italiana di psicologia: *Sulla rilevanza scientifica degli studi di genere e orientamento sessuale e sulla loro diffusione nei contesti scolastici italiani*, hiips://www.aipass.org/files/AIP_position_statement_diffusione_studi_di_genere_12_marzo_2015.pdf

ria. Per un bel po' di tempo, dopo che il mondo intorno ha cominciato la campagna del gender, la scuola non se ne è preoccupata neanche di striscio, e a ragione. A scuola si parla di tutto, le parole le usiamo tutte senza paura, anche quelle della vita, la sessualità, la generazione, l'affettività. Di tutto si può parlare con modi e in tempi adatti. Per decenni i corsi di educazione alla sessualità hanno coinvolto bambini e genitori, organizzati a scuola in collaborazione con le ASL o con centri specializzati e testati, di cui ci si passava fra scuole, di anno in anno, la recensione, positiva da confermare, problematica da tenere sotto osservazione, negativa da evitare. Per anni una prudente (siamo pur sempre nella cattolica Italia) educazione alla sessualità e all'affettività è entrata nelle scuole, finché non è scoppiato il gender. La storia spiegherà come sia potuto accadere che da un giorno all'altro qualcuno, molti, abbiano davvero pensato che la scuola potesse diventare un luogo di perdizione gender, qualsiasi cosa voglia dire. In quarant'anni da docente e preside e in quasi venti da studentessa, mai conosciuto un solo caso di educazione alla sessualità denunciata da genitori o studenti come impropria. Eppure. Eppure da un giorno all'altro i presidi sono stati sepolti da moduli mai visti prima, precompilati e firmati da genitori che diffidavano la scuola dal parlare in qualsiasi modo «dei gender», proprio così, «i gender». Moduli in cui i genitori dichiaravano di «essere informati circa l'esistenza della c.d. teoria 'dei gender', che alcuni programmi e/o insegnamenti scolastici veicolano i contenuti di detta teoria e pertanto **con effetto immediato** [grassetto nell'originale] dichiarano di dissentire totalmente con i contenuti di detta teoria che considerano dannosa per l'educazione dei propri figli e chiedono di non proporre detti contenuti sotto alcuna forma ai propri figli». Dove esattamente la «c.d. teoria dei gender» si infilasse nelle materie di scuola non era chiaro, per cui intanto, prudenzialmente, chiedevano di ritirare i figli dalle lezioni di educazione sessuale, dalle lezioni di scienze sulla riproduzione, e in qualche caso anche da quelle di religione e questo va *spiegato* così: che c'è modo e modo di insegnare religione a scuola, e questo è vero, e quindi che nel dubbio (che l'insegnante di religione non sia per caso «discussivo» sul tema gender, testuale espressione presa da un colloquio scuola-famiglia) meglio evitare. Un vorticoso giro fra i siti delle scuole della nostra lunga penisola non ci consegna una sola programmazione individuale in cui si parli di «teoria gender». E ci si chiede allora perché genitori si siano organizzati con moduli, protocolli e un lessico blandamente giuridico e un poco minaccioso contro qualcosa che non c'è.

Probabilmente succede che hanno paura perché, senza colpa alcuna, non capiscono. Il mondo affettivo e sessuale dei figli è misterioso, cambiato come è cambiato con pari sofferenza e scandalo negli anni Sessanta del secolo scorso e prima ancora negli anni Venti. Qualsiasi assemblea di istituto o festa di compleanno o happy hour ci consegnano una vita che di fatto rimescola i colori, i gesti, gli atteggiamenti di ragazze e ragazzi. Uno sconfinare i generi che somiglia a un'ultima trasgressione dopo che tutte le altre sono state agite e assorbite. La vita adulta vaglierà il vero o il falso che questo sconfinare porta dentro.

Quel che la scuola davvero fa, e deve, è combattere gli stereotipi di genere. Ma essere contro gli stereotipi di genere non significa dire che il genere non esiste. Significa educare a vedere dove sta la trappola di un sé condizionato da precomprensioni che autolimitano non solo le scelte ma il pensiero stesso, il desiderio. Per cui le bambine nemmeno sognano di diventare astronaute (adesso forse un po' di più, grazie a Samantha Cristoforetti) perché la loro educazione, implicita o esplicita, ha *beneducato* anche i desideri.

La consapevolezza degli stereotipi di genere è una conquista lenta, lo stereotipo vive di un'inerzia sociale naturale ed è spesso funzionale al vantaggio o al potere di qualcuno. E al potere il nemico serve. Ci sono poteri che si squagliano se vien meno il nemico. E anche alla paura il nemico serve. La saldatura fra potere e paura è micidiale.

Il gender è una manna. Ogni giorno un po' e lo sdegno è servito, il nemico è servito, il pensiero è congelato e si sente meno la paura per quel che non si capisce. Per fortuna c'è un nemico là fuori. Ad andare in piazza a dire il fantasma del gender non passa si rischia di schiacciare il pensiero in uno slogan a cui altri rispondono dalla sponda di uno slogan speculare e contrario. Ci vuole un pensiero paziente che non rinuncia a capire, senza per questo necessariamente approvare. E forse di tutto questo con i genitori proprio la scuola deve limpidamente parlare.

Una crociata sul nulla quella del gender, che ha lacerato la scuola o almeno l'ha coperta di sospetto. Chissà cosa succede dentro le aule. Peccato perché è proprio la scuola il luogo della comprensione critica della realtà, anche della realtà dei Gender Studies eventualmente manipolati da una parte o dall'altra. E peccato perché la battaglia ha assottigliato o comunque ha reso più difficile realizzare i progetti sugli stereotipi di genere. Che ci sia un bisogno enorme di educazione all'affettività, al rispetto, al superamento degli stereotipi, infine alla semplice libertà di stare bene insieme, lo dicono le statistiche del ministero dell'Interno, oltre che il buonsenso. Nel complesso, secondo le cifre del ministero dell'Interno, il periodo fra luglio 2017 e agosto 2018 ha visto un calo del 9,2% dei delitti in Italia e in particolare gli omicidi sono calati del 16,3%, le rapine del 12,3% e i furti del 9,5%. Ma per quanto riguarda gli omicidi, in proporzione sono aumentati quelli avvenuti fra le mura domestiche, dal 36,4% del totale l'anno precedente, al 42%. Di questi il 68% riguarda le donne, uccise per lo più dal partner o dall'ex partner. Ecco. Vogliamo dire che non c'è bisogno di educazione al rispetto di genere? La scuola (e la società) non possono permettersi di buttare il bambino con l'acqua sporca. Se ci sono abusi e sconfinamenti si interviene, ma l'educazione affettiva e il rispetto di genere deve abitare ogni momento della vita di scuola.

Competizione

Fa malissimo alla salute della scuola, se è quella che comunemente pensiamo, e cioè l'arte coltivata di voler arrivare primi. Uno su mille ce la fa. Vinca il migliore. Sembra cosa giusta ma non lo è.

Competere viene dal latino *cum* (con, insieme) e *pètere* (andare verso), ovvero andare insieme verso uno stesso punto. Il contrario della corsa solitaria immaginata dall'enfatizzazione del voto, del premio, dell'eccellenza intesa come una posizione che lascia il mondo ai lati o meglio ancora alle spalle. L'apprendimento è sempre cooperativo e solo una scuola che non riflette su sé stessa può davvero enfatizzare la competizione e poi nello stesso tempo organizzare corsi di apprendimento cooperativo e peer to peer.

Potrebbe essere «solo» una questione etica ma è anche una verità esistenziale, pedagogica e didattica. Andare insieme vuol dire non lasciare indietro, andare più lontano, fare meno fatica o comunque avere più risorse per avvicinarsi al luogo, al punto in cui si vuole arrivare. L'esperienza d'aula ce lo conferma. Le classi collaborative sono quelle che raggiungono risultati migliori perché l'apprendimento si arricchisce dell'apporto di tutti i ragazzi, perché non considerare il compagno un nemico da combattere o un avversario da superare vuol dire liberare energie e intelligenza per l'apprendimento, perché in queste classi si sta meglio, perché spesso le strategie inclusive, spontaneamente inclusive, messe in atto anche verso i compagni in difficoltà sono di fatto utili anche per compagni occasionalmente distratti, o che vivono periodi personali e familiari che li portano a trascurare la scuola, o semplicemente vivono sul confine di un disturbo non ancora riconosciuto.

L'OCSE* nell'ultimo dossier (del 2015 – le rilevazioni sono triennali) del Programme for International Student Assessment** ha offerto un'analisi dei dati anche intorno alla questione della presenza nelle classi di studenti con svantaggio e ha dimostrato scientificamente che le classi inclusive sono

* L'Organizzazione per la cooperazione e lo sviluppo economico. Organizza periodiche rilevazioni sui sistemi scolastici dei 35 Paesi membri.

** L'acronimo è PISA. È il Programma che indaga le competenze in matematica, lettura e scienze dei 35 Paesi membri dell'OCSE.

quelle che hanno risultati migliori. Anche questa è esperienza comune fra gli insegnanti. Una classe inclusiva richiede un pensiero costantemente vigile, la routine involontaria dell'insegnamento viene messa in discussione ogni giorno dalla necessità di trovare metodologie che favoriscano un apprendimento non standardizzato e questo va a vantaggio di tutti gli studenti. E nello stesso tempo l'inclusione educa i sentimenti e l'empatia e rende tutti persone migliori. Non è poco, no.

Neanche la meritocrazia

Senza che prima o insieme venga rimosso il divario sociale ed economico in cui i bambini si trovano quando cominciano la loro avventura di vita e di scuola, il merito cementifica in modo crudele le disuguaglianze e le santifica grazie alla ecumenica buona reputazione di cui gode. Un bel libro della sociologa Chiara Volpato spiega il meccanismo per cui le disuguaglianze aumentano in tutto il mondo, anche occidentale (la ricchezza posseduta dall'1% della popolazione mondiale ha superato dal 2015 quella del restante 99%, eppure non si alza un movimento politico e civile di protesta). È quello che gli psicologi sociali chiamano l'enigma dell'accettazione della sottomissione. Non si possono soggiogare le masse solo con la violenza. Perché l'operazione abbia successo servono veri e propri « miti di fondazione e legittimazione » che, una volta condivisi, rendano tollerabili e anche bene accette le disuguaglianze. Fra questi il più potente moderno mito occidentale di legittimazione delle disuguaglianze è la meritocrazia. Un mito pericolosissimo perché rende acquiescenti i poveri, persuasi che ognuno abbia quel che si merita. Il che sarebbe vero solo se tutti partissero dallo stesso stato sociale (ricchezza), culturale, di salute (poter diagnosticare e curare le malattie).* Ma non è così.

La scuola ha il compito di conoscere questi meccanismi, di essere consapevole che la meritocrazia in un contesto di disuguaglianza è ingiusta e basta, e che coltivare il mito della meritocrazia vuol dire, nelle attuali condizioni, semplicemente fare il gioco dell'immobilismo sociale e quindi non fare il proprio dovere.

Meritocrazia non è una parola di scuola. La scuola rimuove gli ostacoli, dice la Costituzione. Tutti gli ostacoli che impediscono la piena realizzazione di sé, e quindi non valuta tutti in modo uguale, non fa parti uguali del suo tempo e delle sue energie ma ne destina di più a chi ha più bisogno. Questo la scuola pubblica può farlo perché ha la Costituzione che glielo permette. Glielo dà come compito.

* Chiara Volpato, *Le radici psicologiche della disuguaglianza*, Laterza, Roma-Bari 2019.

Tante paure

La scuola è un luogo in cui le emozioni circolano con una potenza meravigliosa. Nelle aule come nella vita può capitare che le emozioni diventino bufera che travolge. Nella scuola di più, non solo perché ci si passa un mare di tempo e i rapporti sono stretti stretti e le interazioni necessarie. Ma anche perché le aule sono affollate di portatori privilegiati di emozioni, i ragazzi. E perché nella relazione educativa l'emozione è fondamentale. Ed è bene che le emozioni attraversino le ore di lezione. Fra le emozioni c'è la paura. La letteratura ci ha consegnato in mille forme la paura dello studente: di essere emarginato, paura del maestro severo, dei compagni gagliardamente crudeli secondo l'età, di non capire, di restare indietro, fuori.

Oggi la paura è anche dell'insegnante. E la paura è una pessima compagna di strada. C'è uno schiacciamento della nostra esistenza quotidiana sulla paura. Anche fuori dalla scuola, certo. Ma per restare alle paure di scuola, che i bambini si faccia-no male è la paura delle paure. E allora, controllarli a vista, guai a perderli d'occhio, non si mandano a prendere un foglio fuori dall'aula, se sono vivaci li si accompagna fin sulla porta del bagno, e poi niente palla, niente giochi di squadra, niente corse. Alcuni colleghi presidi hanno emanato una circolare per cui nell'interclasse e durante la ricreazione non si corre. Non si corre? Qualcuno ha visto mai un bambino di sei, sette, dieci anni che non corre? Un genitore che avesse un figlio così correrebbe lui sì dal medico a vedere se davvero tutto va bene. (Agli insegnanti, attenti: è un modo comodo di scaricare la responsabilità su di loro, su chi sorveglia.) Poi c'è la paura di essere denunciati. Tutt'altro che insensata. Perché si è detta una parola in più, perché uno studente ha colpito il compagno con la matita voltandosi di scatto, perché la bambina è caduta dalla seggiola, da sola certo, ma purtuttavia caduta, e si sa mai che qualcuno sia colpevole. O perché abbiamo bocciato, o discriminato, o sussurrato una parola di troppo, che il bambino, o meglio il genitore, o la nonna o comunque qualcuno ha sentito come offensiva. Bene, così l'aula deve essere il luogo della ibernazione dei sentimenti, in cui nessun trascendere sia pur minimo è tollerato, controllo controllo controllo.

Poi ci sono le nostre paure professionali. Non fare abbastanza, avere sbagliato l'intervento con il ragazzo, non aver saputo preservare la bambina dall'offesa del compagno, non saper contenere il vortice di energia scomposta di una classe.

E ci sono anche le paure personali. La precarietà, chissà dove sarò fra un mese o un anno, come fare progetti, mantenere un figlio, o semplicemente me stesso in quell'autonomia che mi dà dignità. E infine ci sono le paure epocali. Lo sfondo su cui ci si muove: la crisi, la sicurezza, la fine delle risorse, l'instabilità sociale, politica, coltivata con astuzia determinata e cinismo, perché l'incapacità di credere in un futuro possibile ci rende tutti chiusi ed egoisti, stretti al piccolo nostro bene.

Qui siamo. E la paura è consigliera orribile, perché circoscrive il pensiero dentro lo schema del problema: ho una classe di ventisette bambini, ho paura di non saperli controllare tutti, di questi, dieci sono stranieri e ho paura che i genitori degli altri protestino perché non si fa il programma per seguire loro e poi anche perché ho dieci metri e dieci misure con loro e allora gli altri dicono che faccio le preferenze, poi ci sono le prove Invalsi e tutti abbiamo paura che questi stranieri abbassino il livello, perché se son qui da più di due anni per legge hanno le stesse abilità e quindi le stesse prove degli altri. Il che è demagogia, ma così è. E allora si può barare con delicatezza, e consigliare a qualcuno di stare a casa un certo giorno, perché la prova lo metterebbe in difficoltà. In difficoltà lui o lei, noi di certo. Piccolo barare che forse è piccola giustizia. Ma c'è chi non ci sta, chi non è d'accordo con la regola e la contesta a fronte alta, ma barare no e allora i risultati Invalsi sono più veri e però più modesti, ma allora i genitori che leggono solo il risultato e non sanno il tutto protestano e dicono che roba è, che scuola è. E poi ci sono i ministri, c'è stata una ministra, che vogliono legare i finanziamenti ai risultati Invalsi. E allora sì che la paura diventa grande, perché ad avere risultati più modesti, o proprio bassi, son le scuole che hanno più bisogno, periferie, frontiere abbandonate dal lavoro e dalla sicurezza e dal sogno di un mondo almeno un poco migliore e allora lì solo la scuola può portare qualcosa che somiglia alla promessa di futuro...

La paura è potentissima. È molto più potente dell'evento. All'evento si fa fronte. L'evento mobilita tútte le nostre energie, e la scuola vive di eventi ogni giorno. C'è una bufera e si combatte, anche insieme nell'emergenza. Alleanze inattese. Ma la paura è più potente e cattiva. Ruba la vita prima di averla vissuta. Senza che noi abbiamo potuto viverla. Si vive in difesa. Pronti a dire: «Ma io l'avevo detto, nessuno mi ha ascoltato, non si può far di più».

Solo che nella scuola malgrado questo le cose le facciamo tutte, perché le bambine e i bambini e le ragazze e i ragazzi li vediamo davanti a noi e li chiamiamo per nome e per emozioni e quel che dobbiamo lo facciamo, e anche di più. L'insegnante è spesso così, un professionista che non può essere professionale, non può chiudere alla fine delle sue ore di scuola e di casa. Va molto oltre tutto, assolutamente tutto quel che è suo stretto dovere professionale. Però la paura c'è.

Paura (ancora)

Però la paura non è solo nemica.

Nella distrazione sistematica a cui la società è sottoposta, impensabile per durata e vastità, bisogna che la scuola coltivi l'inquietudine verso quell'ottimismo frivolo e senza responsabilità che ci viene somministrato.

L'idea che tutto si può fare, il mondo devastare, la vita maltrattare, le persone usare, il tempo dissipare, questo è il sottotesto del nostro vivere, ma non si può.

Non spettatori globali e sudditi planetari devono diventare i ragazzi. Cittadini del mondo sì, che lottano con parole e alleanze per il diritto di vivere. Loro e di chi viene dopo di loro.

Quindi un po' di paura può essere un'alleata.

Protezione o educazione?

Sul piano esistenziale la paura può portare a chiudere la vita nel cerchio infelice della « protezione ».

Si confonde l'educazione con la protezione. La preoccupazione principale del mondo adulto è proteggere i figli.

Non c'è santo che protegga i figli da tutto. La protezione totale è del tutto impossibile.

Chi sta nella scuola oggi sa che spesso il problema principale è rappresentato dai genitori e in senso lato dal mondo adulto. I bambini sono bambini e con ciascuno di loro tutto comincia da capo. Ma il mondo adulto ha creato oppure favorito o comunque non impedito le condizioni per una società che infine non crede proprio che i figli possano pensare cose grandi.

A meno che non confondiamo il pensare cose grandi con il successo.

A quello sì che pensiamo, ma come forma di protezione ulteriore. Do ai figli tutto quello che penso possa proteggerli dal futuro incerto e quindi pretendo il massimo in tutto: a scuola pretendo i voti, il diploma, anche quando non ci sono le condizioni, non importa, e poi le lingue straniere, l'esperienza all'estero, e perché la scuola non fa anche i corsi di ECDL (European Computer Driving Licence) come altre scuole, di BLS (Basic Life Support – Rianimazione cardiopolmonare), che sono riconosciuti nel mondo del lavoro e così via.

Dalla custodia dei bambini all'ingresso alla Normale, ecco cosa chiedono le famiglie alla scuola. Naturalmente va tutto bene, ma l'ansia con cui la scuola negli ultimi decenni sta aggiungendo cose a cose sembra davvero nascondere una assoluta mancanza di pensiero.

La domanda è: cosa davvero serve per affrontare la vita?

Sempre. Non solo in tempi di crisi.

Esiste un Rapporto BES (Benessere equo e sostenibile) che l'Istat ci offre da cinque anni. Misura un tipo di benessere che non ha a che fare direttamente con la ricchezza. Si tratta di indicatori che comprendono l'istruzione, il tempo di vita in rapporto al lavoro, le relazioni personali e sociali, il benessere in relazione al paesaggio, al patrimonio culturale, ai servizi. Sostanzialmente misura, se si può fare, i fattori che hanno impatto sul benessere umano e sul benessere della collettività.

In questi cinque anni è progressivamente diminuita la fiducia negli altri. Solo il 20% degli intervistati ritiene che gli altri siano meritevoli di fiducia.

Possiamo partire da qui?

La fiducia. Vuol dire che ciascuno di noi si muove in un ambiente di sfiducia a prescindere. Deve dimostrare a quattro persone su cinque fra quelle che incontra che lui o lei è una persona degna di fiducia.*

Aiuto. Come vive la scuola, senza fiducia? Come si vive la vita senza la fiducia? Senza un « credito » di fiducia. Cioè si parte con il fatto che siamo degni di fiducia e solo così ci si muove. Altrimenti tutto è in salita. Tutto da dimostrare. E di che cosa vivo se non di un valore che mi viene riconosciuto? Valore come essere umano.

Si ha la tremenda sensazione che questo debito di fiducia riguardi anche il rapporto con i figli.

Camminare presto, parlare presto, imparare presto a usare il tablet, il telefono. Se tutto non arriva subito e non asseconda l'attesa dei genitori, imme-

* *Censis 2017 – E l'onda di sfiducia non perdona nessuno: l'84% degli italiani non ha fiducia nei partiti politici, il 78% nel Governo, il 76% nel Parlamento, il 70% nelle istituzioni locali, Regioni e Comuni.*

diatamente scatta la sfiducia che le cose si aggiustino con il tempo, la corsa alla medicalizzazione rassicurante. Se la scuola non va abbastanza bene, non si attiva un percorso per capire, non ci si chiede che cosa succede, se sia sbagliata la scuola, se la scelta è stata troppo nostra e non del ragazzo. No, c'è la corsa a trovare *il rimedio*. «Forse è dislessico?» Capita che i genitori chiedano alla scuola di confermare un'autodiagnosi rassicurante perché per la dislessia, la discalculia, la disortografia i rimedi ci sono. Le misure compensative e dispensative che la scuola ha imparato a usare. Ma se il problema è l'autostima, la sfiducia assorbita dal mondo col latte materno, allora *il rimedio* non c'è. C'è solo la strada buona della scuola buona come laboratorio di fiducia.

Prima gli italiani

Da un'intervista al ministro della Pubblica istruzione e pubblicata sulla home del MIUR:* « Voglio ribadire che questo governo non agisce in maniera pregiudiziale rispetto alla questione migratoria (...) penso anche, però, che il primo pensiero debba sempre essere quello di aiutare i nostri giovani affinché possano farsi una famiglia, avere dei figli, vivere con serenità il loro progetto di vita. La ritengo una priorità assoluta ». Nostri chi? Ci sono i bambini nati in Italia e figli di genitori extracomunitari che parlano i dialetti più fedeli delle nostre regioni e che cominceranno a chiedere la cittadinanza quando compiranno diciotto anni e spesso ce ne vorranno altri quattro se tutto va, diciamo bene, per ottenerla. Di questi cominciamo a occuparci *per primi* intorno ai vent'anni, quindi. Ci sono

* Dal sito del MIUR, 9/4/2019, intervista rilasciata dal ministro Marco Bussetti al quotidiano *La Stampa*.

i bambini nati all'estero da un genitore italiano e dell'altro non si sa nemmeno il nome, arrivati ieri con cittadinanza per diritto di sangue ma che non parlano una parola di italiano. Di questi ci occupiamo subito per primi perché sono italiani, oppure? Ci sono i bambini che vengono dall'adozione internazionale, cittadini italiani finché non commettono certi delitti, come se essere cittadini fosse qualcosa che va a intermittenza. Prima sì, poi no ma solo per chi non è nato in Italia da genitori italiani. Un giorno forse.

La scuola non aspetta che venga stilata una lista dei quarti di italianità,* accoglie chiunque arriva dentro le sue aule, e il suo «primo pensiero» è quello di «rimuovere gli ostacoli» che «limitando di fatto la libertà e l'eguaglianza dei cittadini, impediscono il pieno sviluppo della persona uma-

* Nel suo *Candido* Voltaire ironizza sui quarti di nobiltà che misuravano il valore delle persone nell'Ancien Régime: «In Vestfalia, nel castello del signor barone di Thunder-ten-tronckh, c'era un giovinetto che da natura aveva sortito costumi soavissimi. La fisionomia annunciava l'animo, e retto giudizio con rara semplicità di spirito gli avevano procacciato, cred'io, il suo nome: Candido. I vecchi servi di casa avevano sospetto che egli fosse figlio della sorella del signor barone e d'un buono e onorato gentiluomo delle vicinanze, che la damigella non aveva voluto sposare, dato che costui non era riuscito a dimostrare più di settantun quarti, mentre il resto del suo albero genealogico era andato perso per l'ingiuria del tempo». Voltaire, *Candido*, Mondadori, Milano 2004, p. 35.

na e l'effettiva partecipazione di tutti i lavoratori all'organizzazione politica, economica e sociale del Paese» (Art. 3 della Costituzione), solo che la scuola lo fa per ciascun cittadino di quell'unico Paese che è il mondo. E non per un ghiribizzo sinistrorso ma perché «la scuola è aperta a tutti» (Art. 34 della Costituzione) e perché quella che viviamo è la nostra unica vita, l'unica vita di ciascuno di noi, e non esiste una gerarchia nell'attribuzione dei diritti umani, non può essere la geografia della fortuna il fondamento della gerarchia dei diritti. E così facendo la scuola adempie al suo compito più importante che è quello di permettere la reciproca conoscenza e la convivenza presente e futura. Se ci si conosce non ci si combatte.

Dell'identità

Insieme la paura fa certamente meno paura e questa è una verità che alleggerisce il lavoro e però anche questa verità può essere manipolata con ferocia. Quando si fa leva non su quella che è la nostra comune umanità, ma su quel feticcio tremendo che oggi può diventare l'identità quando diventa una versione dematerializzata – il termine orrendo è oggi alquanto di moda – versione dematerializzata del razzismo. Non la biologia ma una qualche scolpita e contundente comunanza culturale, religiosa, sociale, di suolo, di storia presunta definiscono oggi l'identità. Coltivata come chiara e distinta, autoevidente. E soprattutto una, una e unica. Come se potessimo veramente essere solo cattolici, solo italiani, solo mussulmani, solo romeni.

Amartya Sen è un economista indiano, che ha studiato a Cambridge, è diventato rettore del Trinity College, e poi docente ad Harvard. Nel 1998 ha ricevuto il premio Nobel per l'economia. In alcuni libri, successivi a quelli di economia, sconfina dal proprio ambito di specializzazione, e affronta il tema dell'identità e dell'integrazione.* Esistono solo «identità plurali», perché ciascuno di noi vive sempre più affiliazioni: ha una certa fede, è cittadino di un certo stato, appartiene a una classe sociale determinata, a un certo gruppo linguistico: «L'imposizione di una presunta identità unica spesso è una componente di quell'arte marziale che consiste nel fomentare conflitti settari».** Sen insiste molto sul rapporto fra quello che chiama «approccio solitarista» al tema dell'identità e genesi della violenza.

* C'è un percorso di coerenza fra le opere, più rigorosamente scientifiche, che Amartya Sen pubblica prima di ricevere il Nobel per l'economia nel 1998, e quelle successive che sembrano allargarsi ai campi della sociologia, della politica, della filosofia. L'interesse etico per una società più giusta ha spinto l'economista negli anni Novanta a cercare nuovi indicatori di sviluppo umano che permettessero di sottrarsi all'appiattimento sul PIL (Prodotto interno lordo) e che rendessero giustizia alla dimensione plurale del benessere: il suo Indicatore di sviluppo umano che tiene conto del reddito, dell'aspettativa di vita e dell'alfabetizzazione è stato recepito nel Rapporto sullo sviluppo umano che l'UNDP (United Nations Development Programme) pubblica ogni anno. Lo stesso interesse lo ha spinto poi a indagare i temi dello sviluppo in rapporto alla libertà e alla democrazia (*Lo sviluppo è libertà. Perché non c'è crescita senza democrazia*, Mondadori, Milano 2000; *Globalizzazione e libertà*, Mondadori, Milano 2003; *La democrazia degli altri*, Mondadori, Milano 2004; *L'idea di giustizia*, Mondadori, Milano 2004).

** Amartya Sen, *Identità e violenza*, Laterza, Roma-Bari 2006, p. IX.

Tutti abbiamo molte identità e coltivarne una come strumento difensivo verso la paura significa preparare la guerra. Perché l'esclusività del nostro appartenere ha bisogno che la immensa varietà del mondo, la diversità che ci fa belli e diversi e ricchi e curiosi, diventi invece alterità, nemico da combattere. Anzi, l'identità unica per non essere messa in discussione ha bisogno del nemico. Ecco la battaglia delle civiltà, che ha fatto vendere molti libri ma non ha fatto progredire di un passo la sicurezza, la distribuzione delle risorse, lo smussamento delle disuguaglianze, la nostra pace personale e sociale.

Il tema dell'identità ha investito la scuola portato dallo scontro politico. E son nati dei cortocircuiti inimmaginabili, per cui la difesa di una autoevidente identità cristiana nella politica si è trasformata a scuola nella battaglia del crocifisso o del presepio o dei canti di Natale e la vocazione all'integrazione che è costitutiva della scuola pubblica è stata messa in ombra da un gridare che ha piegato le parole al potere.

Di comune c'è oggi una condizione di profonda vulnerabilità. La percezione di sottofondo che quel che abbiamo potrebbe non durare. Oppure proprio non può durare. Che la rabbia contro, contro qualcuno o tutti, come sta capitando, non basterà a coprire la paura. E allora si deve affrontarla con gli strumenti della cultura questa paura, e mettere in movimento la capacità di capire e lo spirito critico e sperare e credere che sarà sufficiente a resistere.

Nomi di scuola

I nomi sono parole che hanno uno statuto particolare. Raccontano una storia di famiglia, o di popolo, o di desiderio, o di speranza. C'è il nome di un nonno che dice continuità con una storia. C'è quello di un santo, di un personaggio storico, di un amico amato, quanti nomi di figli persi prematuramente un tempo si davano al figlio successivo. Una vita caricata di una storia consegnata.

Tutti i nomi raccontano una storia. Anche quando non la conosciamo. Quando i bambini non la conoscono. E questa storia a volte si costruisce a pezzettini sotto i nostri occhi, con varianti impensate rispetto al passato. Oggi troviamo non più solo nomi di nonni e zie che raccontano storie che possiamo immaginare. Arrivano i nomi del mondo.

Nella tradizione araba ci sono dei precetti sui nomi: «Nel giorno della resurrezione sarete chiamati con il vostro nome e con il nome dei vostri padri, scegliete dunque bei nomi».

Oggi i nomi arrivano a scuola con suoni nuovi che quasi non si possono pronunciare. Il nome pronunciato e conosciuto è il primo passo dell'integrazione. Perché chiamare per nome significa vedere e riconoscere. Con i nomi che arrivano si può fare di tutto. Intanto pronunciarli bene, farsi insegnare come, non permettere che vengano semplificati, italianizzati, storpiati, troncati. Non confondere il nome proprio con il nome di famiglia, come fa la burocrazia che ci consegna tre fratelli e due hanno lo stesso cognome e il terzo ha il cognome dei fratelli come nome e ci viene un sospetto e chiediamo al padre che ci spiega che sì, i figli sono arrivati in Italia in momenti diversi e la questura ha sbagliato per il terzo, ha invertito nome e cognome e ora rimediare è impossibile. E non sappiamo fare altro che rimediare nella vita d'aula, almeno a voce che il nome sia giusto e ci chiediamo cosa significhi andare in Congo noi ed essere chiamati per nome Rossi invece che Paolo, o Piffer invece che Flavio.

I nomi del mondo a scuola possono essere raccontati. E il racconto del nome dice il racconto di un popolo e una storia. E scoprire i nomi vuol dire trovare amici.

Amina è « colei che dice la verità », era il nome della mamma di Maometto, per questo è diffusissimo. C'è il corrispondente Vera in italiano. E possiamo far famiglia con questi nomi.

Aisha significa «viva», era la terza moglie di Maometto. Anche qui c'è un corrispondente italiano, Viviana.

Anche i nomi che diamo ai nostri figli hanno un significato che spesso non sappiamo, come «Dario», nome di re persiani, che significa «colui che possiede il bene». O Emanuele, che significa «Dio con noi», o Michele, «chi è come Dio?»

Poi c'è Muhammad. Dice la raccomandazione del Profeta: «Colui che chiama il proprio figlio Muhammad per amore mio e per attirare la mia benedizione su quel bambino, entrerà in Paradiso con lui». Muhammad vuol dire «molto lodato» ed è il nome più diffuso al mondo. «Ma si chiamano tutti così», qualcuno dice con disprezzo. Da noi il nome più diffuso è Francesco. Specularmente altri potrebbero pensare «Si chiamano tutti Francesco». E allora?

Un po' di nomi: Jamal vuol dire «bellezza». Come Rebecca, «colei che piace». Sufyan, «colui che cammina velocemente». Karim è «generoso», è un nome del Profeta. Esiste anche al femminile, Karima.

Nauras significa «gabbiano». Faiza vuol dire «vincitrice». Hadi è «tranquillo». Questa è una famiglia siriana, arrivata a dicembre fra le montagne del Trentino.

Kanchi Kavita significa «poesia della città sacra». La bambina viene dall'India, porta i lineamenti del nome suo.

C'è un potere nel nome. In molti modi il nome disegna le nostre vite. Queste nostre aule piene di nomi nuovi portano il mondo vero accanto a noi, non quello che da spettatori vediamo vicino chissà dove dalla televisione.

Sanaa significa «splendore».

Sakura significa «fiore di ciliegio».

Aya è una «donna piena di luce» e deriva da Soraya che significa «Pleiadi» o «stelle».

Klea è «gloria».

Nyame è «splendente».

Saraswathi è «colei che scorre», nome di una dea, e della vita.

Hamza è il «leone».

Edlina significa «limpida».

Timidi si può?

Sono fuori moda i timidi, eppure ne vorremmo un bel po' distribuiti a spaglio fra i ministeri, gli uffici, i negozi, i campi da calcio e anche le strade, perché no.

A scuola li troviamo ancora. È quel rispondere in silenzio, come un batter le mani nel vuoto assoluto, senza onde e timpani che ci restituiscano voce. A scuola l'esser timidi è un camminar leggero solo agli occhi degli altri. La pesantezza è tutta nostra. Un grandinare di emozioni che ci lascia ogni momento contusi. A sentir la gravità dell'universo tutta addosso.

Intenti solo a noi stessi, nostro malgrado, senza egoismo. Ad ascoltare il cuore che scoppia, a sorvegliare il respiro che ci manca. Pieni di dottrina che non si sa dire, di risposte che volano talmente veloci e lontane da sembrare mai state. E questo abbassare il viso e non saper cosa sperare.

Che non mi chiami, non mi veda, non senta, il

maestro o la professoressa, il suono del desiderio sotto il mio mantello dell'invisibilità. Desiderio di dire. Di esserci.

Oppure invece sperare che lo senta. Infine sono qui. Esisto. E infatti capita. Il mio nome arriva un'ora o l'altra. Dev'essere così.

Una lotta: che ne sanno quelli che parlano senza arrossire, visi eternamente pallidi o abbronzati, anche facce di bronzo qualche volta, che le date le ricordano, o le inventano, senza decenza, scaltri e abili, e vanno alla lavagna con l'andatura di un lanzo in vista del villaggio, che prendono a prestito senza resa le parole di tutti, suggerite, ricostruite, carpite, o anche solo studiate. Anch'io le ho studiate, ma non si vede.

La scuola attenta li vede bene i timidi e sa il loro diritto a voler di diventare quel che sognano. Non promette quel che non può, ma certo può dar loro la parola per dirsi e una passione, felice dimenticarsi di sé perché finalmente altro ci ha innamorato e possiamo afferrare non qualsiasi possibilità, ma questa sì, è nostra. Un risorgere senza miracolo o magia, fatto di giusti spazi di attesa, di accanito rispetto, anche questo fuori moda, per la bella varietà di caratteri e personalità. Di attenzione a non umiliare. Di riconoscere e appunto chiamar per nome.

Fuori dalla scuola i timidi spariscono. Perennemente assenti agli appelli, se per rispondere si deve gridare.

Ma poi: timidi rispetto a chi? Rispetto al dominante, ovvio spadroneggiare, gazzarra ipnotica che chiamiamo normalità?

Non c'è colpa né virtù a essere timidi. Ma non c'è scampo, se intorno abbiamo sciami di arroganti, prevaricatori, esibizionisti, compiaciuti e noncuranti. Oppure solo distratti. Anche questi li abbiamo a scuola, prima. Nel nostro bel laboratorio di convivenza possiamo un po' sdipanare la loro furia d'esserci alla faccia del mondo tutto. Trasformare la devozione per l'apparire in devozione per la vita. Ma ci servono tanti tanti alleati. Impiegati, commessi, guidatori, arbitri e giocatori. E ministri. Perché no.

Libri

Se la simbolica degli spazi scolastici racconta qualcosa di quel che noi pensiamo davvero importante per i ragazzi, allora i libri devono essere oggetti proprio sconvenienti e pericolosi. Solo quando sono pieni di pretese, determinati e temerari gli studenti riescono ad avvicinarli.

I ragazzi devono leggere, diciamo, l'Italia è in coda in tutte le classifiche dei lettori. E poi c'è la malinconia di tante biblioteche scolastiche con i libri ben rinchiusi dentro armadi le cui chiavi son ben custodite dal docente responsabile, dal personale amministrativo, dal collaboratore scolastico. Armadi nei corridoi, negli scantinati, negli uffici. Si disturba se si entra, se si chiede.

Anche se ci sono storie che possono essere scritte in modo diverso. Più o meno trent'anni fa il preside Rosario Drago, che amava i libri e ne conosceva il potere buono sulla vita dei ragazzi, ha destinato alla biblioteca dell'istituto che dirigeva il locale più bello e luminoso (sottratto alla segreteria!): 110 mq di luce indiretta dall'alto. Ha impegnato il bilancio di alcuni anni per acquistare scaffali aperti, tavoli di legno, sedie ergonomiche. Tutto legno e giallo. Ha destinato due persone di segreteria alla biblioteca, ha favorito la loro formazione attraverso corsi di biblioteconomia. Ha aperto la biblioteca per dodici ore al giorno. « Vado in biblioteca », « Resto in biblioteca a studiare », « Cerco un libro in biblioteca » sono diventate espressioni quotidiane, date e ricevute fra ragazzi e docenti e personale. In biblioteca si andava al mattino prima di scuola, fra l'arrivo dei pullman e la campanella. E al pomeriggio alla fine dell'ultima lezione, in attesa di rientrare a casa o di uscire con gli amici. Capitava addirittura che in biblioteca si « bruciasse » scuola (« marinare », si dice in qualche parte d'Italia). Li trovavamo lì invece che in classe. « Ma che fai qui? », « Studio per il compito di domani ».

Studiare circondati da libri (ventimila erano!) che si possono prendere in mano, sfogliare, leggere per poche pagine. Poi non ci si può staccare più. Si deve prenderli a prestito per leggerli fino in fondo. Un istituto professionale di millequattrocento studenti faceva stabilmente più di tremila prestiti l'anno. Grazie anche a un sistema di richieste d'acquisto tipo « detto-fatto »: tutte le richieste soddisfatte in pochi giorni, con avviso personale che arrivava in classe: «Il libro da lei richiesto è disponibile per il prestito in biblioteca».

Era «impossibile» allora quasi quanto ora. Quasi, perché c'è chi fieramente prova a farci credere che la crisi renda più legittimo e accettabile il lesinare risorse alla scuola. Come se dalla crisi si potesse uscire per qualche magia: una vincita alla lotteria o sul carro di una nazione più forte, restando intanto seduti con le gambe penzoloni.

Tito Boeri lo ha ripetuto spesso: in tempo di crisi i soldi meglio spesi sono quelli spesi in formazione e istruzione. «Ciò che deve maggiormente preoccupare è il rischio di rimanere intrappolati in un circolo vizioso fatto di bassi livelli di istruzione e incomprensione del valore privato e sociale dell'investimento in formazione.»* Dall'inizio della crisi economica l'Italia ha costantemente diminuito la spesa per l'istruzione. Mentre i governi per legge sovvertivano le regole di scuola a ogni cambio di ministro, con una capacità di improvvisazione pari

* «Gli italiani non sanno leggere e contare. Bocciamo i politici che non pensano al futuro», su *Repubblica* del 13/10/2013. Un commento ai risultati del PIAAC (Programme for the International Assessment of Adult Competencies), che colloca gli italiani fra i 16 e i 65 anni all'ultimo posto nelle competenze linguistiche e penultimi in quelle matematiche.

alla confusione che creavano. Tutto sempre a costo zero per l'amministrazione, unica espressione copiaincollata e trasmessa di tempo in tempo.

E le chiamano riforme.

Ma i libri a scuola bisogna ben che i ragazzi li possano trovare. Bisogna disseminare la loro strada di libri belli, perché anche lo studente più riluttante possa trovare quello che lo fa innamorare. Non si può immaginare un modo diverso perché questo capiti se non quello di farli incontrare: esporre gli studenti al libro e alla lettura.

E la storia è sempre la stessa: leggere, leggere, leggere noi, per poter trovare il libro giusto, da leggere o dare il giorno giusto, al ragazzo che giusto lo aspettava in quel momento della sua vita. Non inciampano facilmente da soli in questi libri: le librerie e le pubblicità spesso offrono solo la classifica, intossicata di televisione e cattivo gusto. Sono i librai, i bibliotecari, a scuola sono i docenti che leggono i coprotagonisti di questa storia. I protagonisti sono i ragazzi, che grazie al cielo si innamorano facilmente. Anche dei libri.

Se proprio non si può organizzare una biblioteca di scuola, si può recuperare un'aula di lettura: pareti colorate, scaffali aperti, libri da toccare e scegliere. Il posto dei libri, che dica al mondo che leggere è bello e importante.

E anche questo a volte non si può fare, perché le aule son così poche che si fa scuola a rotazione. Sono le classi peripatetiche, o classi-chiocciola, i cui studenti cambiano aula ogni ora, portandosi appresso libri e quaderni, anche i compiti in classe, a cui stanno lavorando, e vanno nelle aule lasciate libere da classi che vanno in laboratorio o in palestra, anche loro portandosi appresso tutto.

Giornate furiose di scuola. Di scuola furiosa.

Allora, se l'aula di lettura non c'è, si fa un'alleanza con le biblioteche del territorio. La mattina del libro, la bibliotecaria in classe. Oppure con le librerie. Giornata in libreria. Libraie magiche che leggono e i libri li lasciano toccare. Alla Libreria dei Ragazzi di via Stampatori a Torino, la libraia Anna Parola ha esposto un cartello: I BAMBINI POSSONO E DEVONO SFOGLIARE I LIBRI.

Alleluia.

Poi c'è il capitolo dei libri consigliati. Alcuni elenchi di libri consigliati che girano in rete sono tremendamente perfetti e canonici e non arrivano oltre gli anni Settanta. Non si può. Bisogna consigliare il libro che fa innamorare della lettura, pensato proprio per quella persona, per i suoi interessi e la sua vita. A uno studente che non leggeva proprio nulla e che amava il ciclismo, solo quello, abbiamo preso un libro di ciclismo, con la biblioteca della scuola. Un libro *illeggibile*, tutto sudore e tornanti, tutti uguali, e traguardi sempre uguali. Lui lo ha letto, e poi un altro e poi ancora. Tutti i libri di argomento ciclistico ha letto! Poi ha allargato lo sguardo.

Per l'equità

È irrinunciabile. La costruzione dell'equità è irrinunciabile. La scuola deve denunciare ogni attentato alla sua missione di essere luogo delle opportunità per tutti. Ci sono i rapporti annuali sulla scuola realizzati dalla Fondazione Agnelli dove si legge del male grande che devasta la scuola italiana: l'incapacità di garantire l'equità. Anzi: il fatto di agire da moltiplicatore di disuguaglianza. Poi le indagini OCSE-PISA aggiungono anche che la nostra scuola non garantisce nemmeno le eccellenze. E poi c'è la dispersione scolastica. Che è povertà culturale che si somma spesso alla deprivazione sociale e alla povertà materiale: a parte il Trentino-Alto Adige, dove la dispersone è sotto il 2%, nelle altre regioni si sfiora il 10%. La scuola che fa da moltiplicatore della disuguaglianza sociale è una mostruosità che solo l'inerzia colpevole, oppure l'ancora più colpevole volontà politica, ha permesso o voluto. Legare il prestigio della scuola alla selettività, alla bocciatura, è facile, demagogico e indecente. Bisogna dire ai genitori, ai ragazzi, alla società che il voto di condotta che fa media ha prodotto situazioni di intollerabile iniquità perché di fatto rischia di alzare il profitto dei «buoni» mediocri e di mortificare i «cattivi» capaci. Che la scuola deve invece riconoscere e trovare un modo per accogliere e valorizzare intelligenze e personalità originali, divergenti, non allineate.

E ancora si deve spiegare con pazienza e chiarezza l'iniquità nascosta sotto la attuale normativa sui recuperi di settembre e sull'ammissione all'esame di Stato con al massimo una insufficienza. Perché capita che di fatto non si possa bocciare uno studente per una o due materie, anche se si tratta di insufficienze gravi. Perché vorrebbe dire obbligarlo a dissipare un anno di vita a ripetere, insieme alle materie insufficienti, anche le altre. Per cui dietro ai sei di tante pagelle ci sono voragini invisibili e ingiuste nei confronti di tanti altri sei conquistati con fatica. Non va bene. È sbagliato pedagogicamente ed è anche antieconomico, perché un anno di scuola costa molto alla società. Cosa ci vuole a trovare una forma «leggera» di portfolio, o un sistema di crediti come all'università, che permetta di andare avanti nello studio ma con l'obbligo di avere *alla fine davvero* tutte le discipline sufficienti?

Elogio dell'empatia

Difficile insegnare se non si vive l'empatia nei confronti di chi abbiamo intorno a noi a scuola. Intanto i ragazzi e le ragazze, esperti di dissimulazioni feroci e indispensabili verso il mondo adulto da cui devono rendersi liberi ma del cui riconoscimento hanno necessità. Essere visti per poter essere liberi anche quando e se non sono visti, autonomia di sé che sta in piedi solo se è vera, che nasce dall'essere e sentirsi pieni di valore.

A una eventuale « storia dell'empatia nella scuola italiana » toccherebbe registrare oggi un'epoca del sospetto, dopo anni di « progetti accoglienza », « sportelli benessere a scuola », « centri di informazione e consulenza ». Troppo ascoltati gli studenti, troppo accondiscendenti gli insegnanti, troppo condizionati i voti dalla comprensione delle situazioni affettive, familiari, psicologiche, sociali. C'è chi sulla battaglia contro la scuola dell'empatia ha costruito le sue fortune giornalistiche e narrative.

Ma non si può fare l'educatore e quindi l'insegnante senza empatia. Si può fare il somministratore (di saperi) e il misuratore (di conoscenze), ma non l'insegnante.

L'aula è un luogo di necessaria convivenza delle emozioni. Tutte entrano a scuola. Quelle proprie, quelle improprie e anche quelle sconvenienti. Capita che si è contenti di aver ben capito o bene insegnato o bene interagito, oppure si ha paura, di non riuscire, a spiegare o a fare, o si desidera scappare, perché altri pensieri arrivano in sciame e la scuola non ci sta, proprio non ci sta. Né dentro la testa della bambina, né dentro quella del maestro. Capita che si arriva disperati, perché il mondo fuori ci ha cacciati o minacciati, e allora si deve afferrare le parole una a una, e i nomi scappano, quelli degli studenti come quelli dei re merovingi. E non si può far altro che stare lì e tutto sentire. E se non si accetta che il Principe di Danimarca* della nostra

* *Insegnare al Principe di Danimarca* è il titolo di un libro splendido di Carla Melazzini (Sellerio, Palermo 2011) in cui si raccontano undici anni di *Progetto Chance*, un'esperienza nata a Napoli nel 1998 dalla realtà dei « maestri di strada », la cui voce più nota è quella di Marco Rossi Doria, e rivolta ad adolescenti con una storia di dispersione scolastica e di disagio sociale. Il « Principe di Danimarca » è il ragazzo che arriva in classe carico di una vita personale e sociale così drammatica che, come a un Amleto dei nostri giorni, è impensabile chiedergli, nello stesso modo con cui lo si chiede agli altri ragazzi, di

classe abbia quel giorno altri pensieri e non possa proprio risolvere l'equazione perché semplicemente le emozioni gli prendono la vita, allora resta solo l'agire la nostra totale inettitudine umana e bocciare, espellere, mandar via chi «abbassa la media della classe», e quale classe vien da dire, la classe è quella che abbiamo davanti, non quella selezionata che immaginiamo ideale, come la vita è quella che abbiamo, fatta di bene e di male e di esaltazione e malinconia.

Certo che è difficile. Da soli non si può vivere l'empatia senza rischi, perché non siamo professionisti delle emozioni, non siamo psicologi. Si può viverla condividendo quel che succede, creando una comunità di riflessione fra i professionisti dell'educazione che stanno nella scuola: insegnanti, assistenti educatori, psicologi degli sportelli di ascolto. Piccole comunità di riflessione che accolgono le emozioni.

Quando un problema emerge in modo grave, la tentazione oggi è delegare la gestione delle emozioni dei ragazzi agli specialisti. C'è un «caso» e si chiama lo psicologo, ce ne sono due e si chiama

studiare la letteratura e la matematica. Non può farlo. Ma noi non possiamo permettere che sia espulso dalla scuola. E qui comincia il nostro lavoro.

l'équipe, dove c'è ancora. E va certo bene così dove c'è l'eccezione e si intuisce che serve lo specialista. È che oggi le eccezioni arrivano in stormo nelle classi e allora si deve cercare un'altra strada, la condivisione del problema. Mettere in gioco la nostra comune umanità, che ci muove a sentire quel che i ragazzi sentono e bisogna riuscire a non essere sopraffatti, a non uscire dal ruolo, a ricordare che si è a scuola per insegnare e non per assistere. E questo è spesso difficile farlo da soli.

I «cattivi»

Ci sono anche a scuola e sono i preferiti dai media che con loro ottengono senza fatica l'interesse collettivo, basta esporli. Il collaboratore scolastico che risponde male, o non lavora, l'amministrativo che non è cortese al telefono, il docente che non spiega, non applica con sufficiente precisione le misure compensative e dispensative, non permette di fotografare le correzioni dei compiti. Sono pochi. È solo la retorica della sfiducia a moltiplicarli come i folletti impazziti che Gilderoy Allock, vanesio professore di Difesa contro le Arti Oscure, non riesce a controllare nel secondo libro di Harry Potter. Ma ci riesce Ermione con l'incantesimo *Immobilius* e come lei possiamo provarci anche noi. Fermi tutti e proviamo a ragionare insieme. Negli ultimi vent'anni la scuola italiana è stata travolta da successive furie riformistiche* che non le hanno

* Una sintesi competente sul piano politico di questi vent'anni di

lasciato respiro. Ogni governo ha sentito l'obbligo urgente di spargere provvedimenti che assecondavano ora l'una ora l'altra aspettativa elettorale. La scuola è una tavola imbandita di voti da conquistare. Più o meno ottocentomila insegnanti, certo, ma soprattutto praticamente ogni cittadino italiano in età di voto ha una figlia, un nipote, un fratello, un parente che frequenta la scuola oppure semplicemente ci lavora e soprattutto ogni cittadino è andato a scuola e *per questo* pensa di sapere come la scuola deve o non deve funzionare. Naturalmente è una sciocchezza, perché ogni cittadino è andato o conosce qualcuno che è andato o andrà dal dentista eppure non pretende di sapere esattamente come si fa il dentista (oppure sì?), ma la scuola sembra una faccenda più semplice, infine si tratta di insegnare e di imparare e che ci vuole?

Così senza poter davvero distinguere che cosa sia la causa e che cosa l'effetto, se sia venuta prima l'attesa delle persone oppure l'improvvisazione della politica, si è fatto e disfatto. Liceizzare le scuole superiori, perché un sano liceo non lo si nega a nessuno, di fatto annientare i professionali abolendo la

tentativi di riforma si trova in Walter Tocci, *La scuola, le api e le formiche. Come salvare l'educazione dalle ossessioni normative*, Donzelli, Roma 2015.

qualifica al terzo anno che, dopo l'introduzione del Progetto '92, aveva permesso davvero il recupero del divario culturale di chi arrivava alle superiori sfiduciato e convinto di non avere possibilità. Chi i professionali degli anni Novanta li ha conosciuti lo sa bene. E infatti il Trentino, forte della sua autonomia, ha studiato una riforma tutta sua, « su tre gambe » è stata detta, ovvero ha potenziato al massimo la formazione professionale, i tecnici e i licei, e ha chiuso gli istituti professionali, conservando solo quelli che non avevano corrispettivo nei tecnici. Poi o prima ci sono state le tre « I », Impresa, Inglese e Informatica, e subito dopo però si è tagliata l'informatica perché la scuola delle riforme ha sempre dovuto fare i conti con la scuola dei tagli. Poi ancora improvvisamente si è scoperto che gli istituti tecnici sono l'anima dell'industria ma intanto il danno era fatto. Complicato? Esatto, perché solo gli specialisti capiscono quello che accade nella scuola e le riforme sono state una specie di *latinorum* che ha impedito di vedere davvero quel che capitava. Ad esempio il voto in condotta che fa media, introdotto per « rendere più severa la scuola », per « dare più valore alla disciplina », per dare finalmente uno strumento potente contro bullismo e arroganza, e invece, dal momento che la stragrande maggioranza degli studenti non è né bulla né troppo arrogante, ha di fatto alzato le medie di tutte le scuole del regno e un nove o un otto ha compensato svariate insufficienze nelle discipline e bocciare è diventato ancora più difficile.

Non che si senta il bisogno di bocciare di più, ovviamente, ma la condotta che fa media è stata un'opaca operazione demagogica. Demagogia pura anche quella che si è scatenata sulle prove Invalsi. Prima introdotte come obbligatorie alle medie, parte dell'esame, così importanti da contribuire al voto finale, poi eliminate dalla valutazione ma assunte come prerequisito, stesso gioco all'esame di Stato delle superiori, dove non è neppure arrivata a essere parte del voto finale, solo annuncio. E poi l'alternanza scuola-lavoro, introdotta senza vedere le buone esperienze esistenti, senza interrogare davvero la scuola, e ora, dopo due anni di folle corsa all'accumulo di esperienze a volte splendide, a volte no, a volte impossibili da definire, ridotta a meno della metà delle ore. E se ci si chiede perché si deve ammettere o l'errore iniziale o la malafede attuale. E poi le assunzioni. La Buona Scuola ha assunto una quantità di precari storici solo in parte necessari alla scuola stessa. Ha assunto chi stava nelle GAE (Graduatorie ad esaurimento) senza una progettualità, creando soprannumerari in partenza, già al momento dell'assunzione. Esiste un documento della Fondazione Agnelli dal titolo «L'assunzione di tutti i docenti delle GAE nel prossimo anno scolastico sarà un boomerang per la scuola?»* La Fondazione Agnelli viene regolarmente sentita in audizione dalla Commissione cultura della Camera e il documento è del febbraio 2015, prima della Legge 107/2015 che ha introdotto la Buona Scuola e le assunzioni. Il documento si basa su previsioni demografiche legate al numero di studenti, al numero e all'età dei docenti e su indagini relative al reale fabbisogno di docenti della scuola italiana. Ecco. Si trova scritto che «l'assunzione nelle GAE può avere effetti negativi e paralizzanti» per la scuola, «abbassandone la qualità e ostacolandone il rinnovamento per molti anni a venire». La relazione scrive semplicemente che prima bisogna vedere di quali insegnanti e di quali competenze ha bisogno la scuola italiana e poi assumere, mentre, si trova scritto, la Buona Scuola intende operare con la logica capovolta, prima assume e poi vede dove collocare gli assunti. Ed è stato esattamente così. Nelle GAE c'erano, accanto a docenti capaci che insegnavano da anni, anche docenti che non insegnavano da anni o che lo avevano fatto per poco, per

* hiips://www.fondazioneagnelli.it/2015/02/16/assumere-tutti-subito-docenti-delle-gae-un-boomerang-la-scuola/

caso, per ripiego o per disperazione. Inoltre nelle GAE c'erano «troppi» docenti di alcune discipline e nessuno di altre. Mancavano i docenti di matematica, di fisica, di informatica. C'erano moltissimi docenti di discipline giuridiche e artistiche e ci sono scuole che hanno avuto docenti di diritto senza avere diritto nel curriculum, o di musica senza avere musica, o di discipline artistiche senza avere arte. A leggere il documento si vede che era già tutto scritto, e a capire bene cosa è successo non ci si crede nemmeno. E i docenti e i presidi a rincorrere ora l'uno ora l'altro adempimento, e intanto a far quadrare il cerchio dell'istruzione, del fatto che i ragazzi devono pure imparare e per insegnare bisogna ogni giorno studiare e affinare competenze nuove perché sono nuovi loro, gli studenti, che nemmeno i genitori riescono a capire, come figli, e ne hanno uno alla volta, o due. A scuola trenta per classe.

In questo disordine progettuale la scuola ha poi subito tagli inspiegabili del personale non docente. I collaboratori scolastici sono meno del minimo indispensabile. Negli istituti comprensivi molti plessi sono aperti e chiusi dalle maestre, l'orario dei collaboratori permette appena la sorveglianza in orario scolastico. Per parte delle ore di scuola c'è meno di un collaboratore per piano, è sparito l'indispensabile collaboratore per la palestra, che era un bell'aiuto nel controllo degli spazi informali degli spogliatoi (e nella gestione delle piccole emergenze), e un deterrente rispetto ai furti. La Buona Scuola ha stabilito che gli amministrativi assenti non possono essere sostituiti. Nemmeno se sono assenti per lunghi periodi. Vuol dire che se mancano una, due, tre persone in segreteria, si *può* fare lo stesso tutto. Il che vuol dire che in fondo nessuno serve davvero. Che la scuola non serve, che si può tagliare e ancora tagliare e sta tutto in piedi. Le segreterie sono stremate e anche, spesso, non preparate perché, sempre per risparmiare, l'Amministrazione non fa i concorsi. Il DSGA, Direttore dei servizi amministrativi, l'ex «segretario», attualmente gestisce una contabilità di tipo aziendale. Non ci sono concorsi dal 2004 e da anni si accede all'incarico su semplice richiesta, senza laurea e anche senza esperienza. Lo scorso anno sono diventati DSGA molti collaboratori scolastici diventati assistenti amministrativi (anche in questo caso senza formazione specifica e senza periodo di affiancamento e tutoraggio) da qualche mese. A gestire bilanci di tipo aziendale. In questo contesto e in questo momento a scuola quasi tutti stanno facendo più di quello che dovrebbero per contratto e spesso anche più di quello che potrebbero. Per cui possono essere frettolosi o nervosi o le segreterie possono avere orari di apertura ridotti.

Poi c'è l'intoccabilità del personale. A scuola è quasi impossibile allontanare gli incapaci. Non è *il* problema della scuola ma questa è una delle ragioni per cui ci sono dei « cattivi », pochi ma ci sono. L'altra ragione è che anche la scuola come il resto del mondo non è perfetta, e chi risponde male, non fa il suo lavoro bene, è brusco o aggressivo lo si trova dappertutto. Quando si protesta per qualcosa bisognerebbe sempre chiedersi: è davvero un cattivo o è solo la variabilità del mondo?

La perfezione non esiste eppure troppo spesso dalla scuola la si pretende.

E poi c'è la seduzione

È una tentazione sedurre a scuola.

Nelle aule come nella vita può capitare che le emozioni diventino bufera che travolge. Nella scuola di più, non solo perché ci si passa un mare di giorni e anni e i rapporti sono stretti stretti e le interazioni necessarie. Ma anche perché le aule sono affollate di portatori privilegiati di desideri. Da giovani il desiderio è moltitudine. Essere visti, riconosciuti come persona che vale, amati. Esistere.

Ed è bene che le emozioni attraversino le ore di lezione. Non si trova teoria pedagogica a sostenere che l'apprendimento e il rapporto educativo funzionino meglio in un contesto di gelo relazionale. Gli strumenti critici e le emozioni ci fanno sapere il nostro valore. E insieme viene la libertà. Di non farsi aggirare, di difenderci da soprusi sociali e personali, stereotipi, trappole che ci minacciano. Scuola sta con libertà, se il patto con l'adulto funziona.

Davvero però il rapporto può tracimare in ogni

momento, e la letteratura è piena di queste storie con finale a volte, chissà, letterariamente felice, più spesso incerto.

La cronaca invece conosce soprattutto finali drammatici. Il patto stabilisce che nel contesto d'aula il confine dei ruoli sia tenuto dall'adulto, che conosce, e riconosce, anche in sé stesso, il potere delle emozioni, e in virtù del suo essere adulto le sa governare, anche in sé stesso. E gioca d'anticipo ogni momento, non comprime la distanza con lo studente, che non è distanza di valore, ma di ruolo e di maturità. Non si confonde con lui. Ci sono i confini. Colleghi insegnanti hanno deciso che un confine è non essere amici sui social network fino a che rimane il rapporto di scuola. Niente telefono diretto, niente sms, niente post o tweet. Altri stanno anche su questi confini. Ma conoscono l'arte della misura che non ammicca.

E poi c'è il potere. Sia pure piccolo, corroso da una considerazione sociale in caduta libera e più ancora da una carsica crisi di indotta disistima, in aula il docente porta una forma di potere, quello di riconoscere lo studente oppure no, appunto, ed è il potere più forte, aiutato dal potere del voto, la promozione. Credito fra gli amici e in famiglia.

L'unico potere d'aula buono è servizio alle persone che ci sono affidate. Lo è per legge e per deontologia professionale. E invece no. Può capitare che non sia così e diventi mezzo di seduzione, sopruso. Più facile se l'insegnante è bravo. Perché il seduttore ha sempre del buono in sé, altrimenti non sedurrebbe nessuno. Ha il buono di una passione. E quello del desiderio, come i ragazzi. Non coltivato in un sé adulto e appagato ma un desiderio malato di vita. Di tutte le vite. Bisogno di esistere attraverso le vite d'altri, possedute fino all'estremo confine.

Queste cose non capitano nel deserto. C'è sempre un mondo di adulti « sani », ciechi sordi e muti, intorno. Non tutti colpevoli d'omissione, no. Perché un genitore che trova un professore pieno di entusiasmo, generoso del suo tempo e del suo sapere, amato dai ragazzi, che vanno a scuola volentieri e sono felici, è contento, semplicemente. Certo che deve essere attento, e magari lo è, eppure non vede. Perché il seduttore seduce a trecentosessanta gradi, i genitori anche, e i ragazzi hanno il diritto di non capire la tempesta che li abita, e sono sgomenti e contenti nello stesso momento: un'attenzione malata è pur sempre un'attenzione, un insegnante sedotto è un frammento di onnipotenza nelle loro mani giovani. In un gioco di rovesciamenti che la psicoanalisi sa chiamare per nome e raccontare. Forse è per questo che i ragazzi a volte con ostinazione difendono il docente che esce dal suo ruolo fino all'offesa dei loro corpi e della loro libertà. Perché difendono il loro essere esistiti, assoluti, unici e importanti, per un attimo a volte lungo, perché condannare il seduttore vuol dire riconoscere che l'ingresso travolgente nell'età adulta, vissuto come un posto ricevuto e riconosciuto, non c'è stato. Vuol dire precipitare di nuovo nella paura di non valere.

Però all'appello delle colpe qualcuno può ben essere chiamato. Tutti quelli che per convenienza, piaggeria, quieto vivere, ammiccante connivenza, hanno taciuto. E quelli che sulla scuola non sorvegliano. Che affidano un compito straordinario a persone la cui inadeguatezza, o malattia, colpevolmente non sanno riconoscere.

Studente, chi sei?

«Ogni studente è una persona che vale quali che siano i suoi risultati scolastici.»

È l'incipit del «Piano dell'offerta formativa triennale» (POFT: sarebbe il caso di pensare all'effetto degli acronimi quando si danno i nomi alle cose...) di un grande istituto professionale.

Un'ovvietà, qualcuno può dire. E invece no. È stato scritto in un periodo in cui gli studenti stavano orridamente diventando *clienti*, nel linguaggio economico aziendale che le scuole stavano importando insieme alle prime certificazioni di qualità e di sicurezza, anche queste del tutto copiaincollate da quelle delle aziende che costituivano i principali *clienti*, appunto, dei consulenti arrivati nelle scuole.

È un incipit al singolare. Non parla di «tutti gli studenti», sulla strada di quella generalizzazione dei giovani che li vuole tutti uguali, o almeno categorizzabili all'ingrosso: i giovani stanno incollati a internet, non studiano e non hanno nessun progetto per il futuro. Oppure, in versione più benevola, sono confusi, pieni di sogni sbagliati, bisognosi di luminosi esempi da seguire. Sulla linea di un paternalismo insopportabile, visto il bel mondo che hanno ricevuto dai grandi che vorrebbero far loro da guida.

« Ogni studente è una persona » vuol dire che la scuola vede in ciascuno dei ragazzi e delle ragazze che ha davanti una persona unica, che porta a scuola il bene unico della sua unica vita e che questo bene ha un valore in sé.

Anche questo non è scontato. Perché la nostra scuola è pensata più per studenti che per persone. E per studenti, come dire, « normali » nel senso di mediamente interessati e portati per tutte le discipline di un corso di studi e soprattutto tutti nello stesso momento della vita, studenti mediamente vivaci (meglio se poco poco, con i numeri che abbiamo in ogni classe, perché se per caso vogliono partecipare tutti non si va avanti con la lezione), e perfino di corporatura media, perché se abbiamo in classe uno studente un poco più alto non abbiamo nemmeno il banco adatto a evitargli la scoliosi.

« È una persona che vale. » Perché esiste. Una ragazza o un ragazzo è pieno di valore e di diritti sempre, e non a intermittenza a seconda di quel che fa e rende, a scuola o più tardi sul lavoro. Anche questo non è scontato oggi. Certo bisogna sapere che uno studente costa allo Stato circa 8000 euro l'anno, e quindi una classe di venticinque studenti ne costa 200.000. Ma non per misurare in prestazioni il diritto a restar dentro la scuola. Per impiegare sempre in modo attento ogni risorsa, che è risorsa pubblica e per il bene della società deve essere impiegata. Ma il bene della società è che nessuno sia escluso, che ci sia un luogo in cui ciascuno trova le sue opportunità. Fuori dalla scuola non si sa immaginare un luogo che sia chiamato a offrire a un ragazzo la presenza di persone che lo guardino negli occhi e lo riconoscano come persona e lo accompagnino nella sua e nostra necessità di diventare adulto responsabile.

A volte arrivano in aula ragazzi che non sono davvero «visti» nemmeno dalle famiglie. Perché i genitori hanno oggi attese, sui figli, a volte inversamente proporzionali al tempo e alle cure che dedicano loro. E allora pretendono molto, dalla scuola e dai figli, per confermare a sé stessi di non essere cattivi genitori. Per cui troviamo ragazzi al liceo, o al tecnico, perché i padri, le madri, i nonni, le zie hanno uno studio già pronto e avviato per loro, o l'azienda, o l'attività commerciale. La scuola ideale per i genitori. Pronti poi a scaricare sui figli la responsabilità dell'andar male a scuola. E a volte ci tocca difendere il diritto del ragazzo e della ragazza a essere rispettati anche se vanno male a scuola. Quante volte a dire: « Ma è un bravo ragazzo, ha solo preso un po' di cattivi voti, ha forse bisogno di un altro tipo di scuola, lo sa che disegna benissimo? Che suona benissimo? Ha una bella propensione alla cura dell'altro. Sa riparare qualsiasi cosa ».

Riparare

Oggi riparare è una quasi parolaccia. Chi ripara non fa girare l'economia. La scuola conosceva il « riparare a settembre », promozione rinviata e certo non scontata alla fine dell'estate. Oggi il vocabolario dell'economia ha sconfinato e si parla orribilmente di « debiti scolastici » da colmare. Colmare un debito? Ripagare? Non si trova nemmeno l'espressione giusta, a scuola.

Ma riparare è parola di scuola.

Chi insegna sa l'arte del riparare. Sa che la scuola può riparare all'ingiustizia di un'infanzia che non ha conosciuto chi leggesse storie la sera o giocasse al gioco di far sentire il bambino e la bambina importanti come un re o una regina. O riparare a un difetto di lettura, o di calcolo. Chi insegna non *crede*, ma *sa* che si può migliorare, che a scrivere meglio si *impara* continuamente, che anche le vite possono essere riparate.

Continuità per chi?

Qui si parla male dei cosiddetti « Progetti continuità ». Fra medie e superiori, fra elementari e medie e anche fra scuola d'infanzia e scuola primaria. Montagne di informazioni sullo studente, sul bambino nel caso della scuola d'infanzia, vengono passate insieme ai giudizi degli insegnanti che in buonissima fede riempiono moduli di osservazioni, loro osservazioni, da trasmettere ai colleghi del nuovo ordine di scuola. Un lavoro minuzioso e lungo, aggiunto negli anni alla didattica. E pericoloso, potenzialmente pericoloso perché ogni storia di scuola è storia di interazioni personali, con i compagni, gli insegnanti, la famiglia. Un bambino può essere incontenibile in un momento in cui a casa capita qualcosa che richiede il riposizionamento di sé e delle proprie sicurezze. Otto anni non sono dieci o dodici. Si può cambiare sempre. I Progetti continuità forse nelle intenzioni proteggono lo studente nei passaggi di scuola, di fatto lo fanno arrivare al nuovo anno scolastico « dopo » che le informazioni su di lui sono arrivate alla commissione formazione classi, ai coordinatori di classe, ai docenti nel primo consiglio di classe di settembre. Arrivano già (de)scritti e la nuova scuola non è un nuovo inizio. E invece potrebbe. E ci sono insegnanti che si difendono dai Progetti continuità e non leggono nessuna scheda studente prima di Natale. O anche mai. Ed è bello poi sentirsi dire dalla ragazza che alle medie l'italiano non le piaceva, o la storia, e che andava a scuola malvolentieri. E invece adesso...

Ciascuno di noi ha un naturale, umanissimo, diritto alla discontinuità nella propria vita, diritto che deve essere socialmente e scolasticamente assicurato. Diventare diversi da come il destino sembrava volerci disegnare a ogni costo. Liberarci con pazienza, fatica, determinazione, incertezze, ritorni, slanci e pentimenti. Liberarci da una storia di famiglia che ci ha condizionato a comportamenti reattivi, di nascondimento, di provocazione. O dalla povertà di un esser nati in un posto sbagliato sulla carta geografica, o sulla mappa della città, il quartiere senza strade vere, e uffici e servizi veri. Luoghi che non promettono niente per domani. Bisogna poter sempre pensare che possiamo diventare quel che vogliamo, quel che riusciamo a intravedere bene per noi. E bisogna pensarlo degli altri.

L'alternativa è una specie di « vita di posizione », dove ciascuno sta dove il destino lo ha messo.

Nella scuola l'unica continuità « buona » riguarda gli insegnanti. La continuità didattica, non vorticare di scuola in scuola per ragioni di graduatorie permanenti o a scorrimento o di doppio binario o di ricorsi sui ricorsi. E la continuità del curriculum. Quella sì. Insegnanti dei diversi livelli di scuola che si coordinano sulle competenze. Perché davvero non può essere che si esca da un grado di scuola che già lavora per competenze e si arrivi in uno in cui gli insegnanti replicano i programmi da vent'anni, declinati in contenuti e contenuti e contenuti. Sempre quelli. Copiaincollati cambiando la data. O neanche quella.

Anche l'orto

Quello dell'esortazione che chiude il *Candido* di Voltaire: «Bisogna coltivare il proprio orto». È un'esortazione che oggi alle nostre orecchie suona di basso profilo, un po' da piccola borghesia di campagna, ma alla fine del percorso che aveva portato Candido ad attraversare l'inferno della storia, a incrociare il male dell'uomo (l'ingiustizia e le guerre) e della natura (il terremoto di Lisbona), l'esortazione è tutto tranne che una resa. È l'esortazione a prendersi cura del pezzetto di mondo che ci viene affidato, a lavorare per coltivarlo, a lasciarlo a chi ci sta intorno e a chi viene dopo di noi migliore di come lo abbiamo trovato. Una missione fortemente etica, al riparo dal velleitarismo fanatico, inserita in un contesto comunitario: il finale del romanzo filosofico raduna tutti i compagni di avventura in un non-paradiso terrestre, polemico contraltare del presunto paradiso del Barone di Thunden-ten-tronckh che apre la narrazione. Non-paradiso in cui però si può vivere, grazie al lavoro di ciascuno.

Ancora una volta torna la metafora del coltivare, come per il giardino di parole. Con un tocco di realismo in più per l'orto. Perché richiama la necessità del tempo lungo: non si coltiva niente da un giorno all'altro, servono le stagioni. E la necessità della cura individuale. Chi ha un orto o un giardino, o anche solo delle piante d'appartamento, sa bene come fare perché i fiori fioriscano e le piante crescano: ogni giorno si va a vedere e si fa quel che ciascuno chiede. Acqua, cambiare l'esposizione altrimenti il fiore cresce storto, togliere il secco, tenere d'occhio gli afidi, svuotare il sottovaso per evitare il ristagno. Ogni giorno, uno sguardo a ogni pianta.

Poi, certo, nelle scuole ci sono gli orti e i giardini veri veri. Che restituiscono ai bambini che fossero in overdose da tv o internet la materialità del nostro vivere. Orti di pace,* perché ricordare che

* www.ortidipace.org è un portale creato nel 2006 da Pia Pera. Immediatamente è nata una rete di ortidipace scolastici. Questa la presentazione di Pia Pera: «Ortidipace è a disposizione di chiunque consideri l'orto, e il giardino in senso lato, un luogo ideale per intrecciare tutta una serie di scambi con la natura, l'ambiente e la comunità. Il portale è concepito in modo da dare ma anche ricevere informazioni, in uno spirito di servizio per chi avverta il desiderio di passare dalla voglia di fare al fare. Spero, col tempo, di pubblicare

tutto il nostro vivere ci viene dalla terra coltivata vuol dire far propria, come l'aria che si respira, l'idea che la pace è il nostro bene.

sempre più testi inviati dagli utenti del sito, in modo che ortidipace diventi sempre più la loro comune opera, e a me tocchi sempre meno la parte dell'autore, sempre più quella dell'editore con l'impegno, da parte mia, di dare a ogni testo ricevuto la necessaria cura redazionale. Le cose da fare sono tante: orti e giardini didattici nelle scuole, orti terapeutici dove coltivare la pace interiore, orti per chiunque, pur non possedendo terra, desideri coltivare fiori e ortaggi in uno spazio pubblico. Buon lavoro, dunque! »

La vita altrove

La vita è altrove? Meglio non chiederlo. Sì e sì direbbero forse molti ragazzi. Sì, direbbero forse anche alcuni professori. La scuola nell'immaginario comune è «altro» dalla vita, una parentesi, un pegno da pagare per avere il diploma, per poter poi finalmente vivere. Ma non è così, per nulla. Perché la scuola non sopporta il chiamarsi fuori di nessuno perché non è lo spazio di un altrove estraneo alla sorprendente varietà della vita. Perché a scuola si trascorre un mare di vita. Perché a scuola si impara, oppure no, a convivere e si convive poi dappertutto, non solo in classe e non solo per il tempo di scuola. La scuola del bon ton d'aula e della vita altrove non ha senso alcuno oggi, perché la struttura del lavoro e della società hanno sbriciolato l'articolazione dell'esistenza da cui veniamo: un tempo giovane per lo studio e il progetto, un tempo adulto per il lavoro, un tempo per il riposo. In pensione non andrà nessuno, o sì, ma chissà quando e come, il rovesciamento della piramide demografica sembra dire questo. Ma soprattutto l'apprendere è oggi per tutta la vita, non c'è lavoro a cui basti la nostra conoscenza di scuola. E poi, e forse prima di tutto, a partire da noi adulti, e forse anche da molti dei ragazzi che vediamo a scuola e a casa, viviamo immersi in un presente che tiranneggia il nostro tempo e la nostra attenzione o distrazione.

I giovani vedono il futuro come minaccia e non come promessa, ama ripetere Umberto Galimberti. E allora una scuola che si limita a « promettere » strumenti per il futuro, ma che per i ragazzi non è in sé bella e viva e interessante qui e ora, è una scuola destinata agli interstizi della loro vita, non tocca davvero i comportamenti, le convinzioni, le abitudini profonde. Alla fine è una scuola che non lascia il proprio segno nella loro formazione. Bisogna far sì che la vita sia (anche) a scuola... E che la scuola sia quel laboratorio di integrazione che addestra alla vita intera. « Non basta riconoscere e conservare diversità preesistenti, nella loro pura e semplice autonomia, si tratta, invece, di sostenere attivamente la loro interazione e la loro integrazione attraverso la conoscenza della propria e delle altre culture, in un confronto che non eluda questioni quali le convinzioni religiose, i ruoli familiari, le differenze di genere. Non basta convivere nella società, ma questa società bisogna crearla continuamente insieme. »*

* Dal Regolamento per la definizione dei piani di studio provinciali del primo ciclo del Trentino.

Detto che un maggiore equilibrio fra insegnanti uomini e insegnanti donne gioverebbe, resta che il problema è un aspetto di quello generale di una distribuzione del potere in ogni campo fortemente legata al genere e davvero, visti i risultati, c'è da preoccuparsi molto di più per il concentrato di uomini di potere in politica, nell'editoria, nell'industria, nell'economia, nella finanza.

La scuola che funziona c'è eccome.

E per ora, senza averlo cercato, le donne ne portano spesso il merito.

Genitori

Intanto, tutti sono stati a scuola e, se sono genitori dei nostri studenti, tutti hanno un figlio a scuola. Quindi della scuola sanno tutto e hanno certezze ben scolpite da assestare con precisione al bisogno.

Però generalizzare è sempre ingiusto.

Infatti c'è il genitore che « per carità non voglio insegnarle il lavoro, però... », però lui l'inglese lo sa bene e non è chiaro perché la maestra di inglese sia da un mese inchiodata sui colori e gli animali e, non per criticare, ma così non si va da nessuna parte, e poi una volta si faceva ben più di geografia e anche di storia e scienze, e imparare a memoria è necessario e imparare a memoria è pedagogicamente dannoso e anche inutile, lo provano tutti gli studi, e perché mai così pochi compiti a Natale, che poi quando tornano si son dimenticati tutto, e guai se vedo ancora quaderni di scuola sul tavolo a Natale, è uno scandalo, le vacanze sono vacanze.

Poi c'è il genitore, tanti, che « il figlio è mio e guai

chi lo tocca » e se va male a scuola si cambia scuola, « quattro anni in uno » in un coccolificio per asini di lusso di cui nessuno parla male perché non si sa mai che un giorno serva anche al nostro di figlio.

Poi c'è quello, a volte lo stesso, che « so quel che è meglio per lui » e quindi non gli si mettano in testa idee strane su facoltà universitarie che laureano disoccupati perché di filosofia, letteratura, arte, psicologia, scienze umane, pedagogia, storia, geografia, non si vive, siamo « realistici ». Tutti avvocati, dottori e commercialisti li vorrebbero. E forse per preparare la strada, agli avvocati il lavoro lo cominciano a procurare subito. Perché ci sono i genitori, forse ancora gli stessi, che a giorni alterni minacciano querele a professori, bidelli, presidi, non importa chi purchessia.

Piccola rassegna incredibilmente veritiera.

Prima elementare, secondo giorno di scuola, il bimbo è stato spinto da un compagno sul pulmino. Papà: « Per questa volta telefono. La prossima volta metto tutto nelle mani degli avvocati ». Avvocati al plurale, presi come stanno dai serial-gialli americani, dove gli avvocati viaggiano in « collegio ».

Terza media, comunicazione sul libretto: « A mia figlia la professoressa ha detto davanti alla classe il voto insufficiente. Non fate corsi sulla privacy? Sappia che denuncio lei e la scuola ».

Quarta superiore. Ricevimento individuale urgentemente preteso. Mamma: « Sa che dopo il suo quattro in italiano mia figlia ha pianto tutto il pomeriggio? Se si butta o fa qualcosa per colpa sua, professoressa, la rovino. Intanto valuto con l'avvocato se posso denunciarla per danni. Almeno le spese dello psicologo ».

Poi ci sono quelli che hanno generato angeli (e quindi loro sono Dio?). E allora « non è possibile che mia figlia abbia bestemmiato in classe perché son cose che a casa non le abbiamo proprio insegnato ». Certo, lo insegniamo noi a scuola tutte le mattine all'appello.

Arriva anche quello che della scuola si fida proprio e « gli dia pure un manrovescio se si comporta male, come se glielo avessi dato io », meravigliosa confusione di identità e professionalità.

Il caso più felice è quello comprensivo, « come la capisco, non so più cosa fare, non mi ascolta proprio ».

Anche il caso più disperato è quello comprensivo, « come la capisco, non so più cosa fare, non mi ascolta proprio ». Perché davvero qui siamo soli, con i nostri bambini: piccoli, medi e grandi.

Questo un poco è un gioco. Perché poi ci sono i genitori, tanti, che fan di tutto per far bene i genitori, in questo simili agli insegnanti che fan di tutto per essere bravi insegnanti. E se funziona l'alleanza, il gioco diventa quel che deve essere, un bel vivere per tutti.

Non si può dire

Materiale umano. I ragazzi possono essere vivaci, appannati, proni, iperattivi, apatici, curiosi, saccenti, indifferenti, molesti, ignoranti e avanti e avanti. Materiali mai. Le metafore costruiscono la realtà e la sua qualità.

Cliente. Lo studente non compra, riceve. Riceve qualcosa che non può avere se non lo conquista. Come la vita. La riceve. Ma poi funziona se le corrisponde, la costruisce, la patisce, la asseconda. La fa sua, diversa da come l'ha ricevuta.

Stakeholders. Sta (ancora) ovunque nei report dei questionari di gradimento del servizio scolastico. La sintesi che racchiude (per dire « portatori di interesse »: genitori, studenti, docenti, personale collaboratore, tutti) le permette di sopravvivere anche al di fuori dell'ambiente aziendale in cui è nata. Ma è orribile.

*

« La classe sarebbe buona se non ci fossero Federico, Sufyen e Margherita. » La classe è quella, tutti compresi, non un'altra. Come il mondo è questo. Sognare la parte che ci piacerebbe vuol dire non farsi carico di tutti, pensare che esista una legittimazione possibile all'esclusione di qualcuno, quelli che non ci fanno fare il programma. Ma il programma è quello che si può fare esattamente con le persone che ci vengono professionalmente e umanamente affidate.

« Stai attento! » Tutti lo diciamo, ci scappa e pace. Ma è come dire « Devi essere interessato! », « Devi amare quella persona ». I ragazzi stanno attenti se quel che stanno facendo li prende più del loro sognarsi altrove. Il resto è ritualità d'aula.

« È un caso senza speranza. » Certo, il professore che lo dice. Cambiare mestiere prego.

Si può dire, si deve

« Hai fatto uno splendido lavoro! » « Quanti progressi! » « Ci siamo proprio. » « Certo che puoi riuscire. »

Senza che sia una bugia, capita di poterlo dire a una bambina o a un ragazzo che ci sorprende. Se ci ha fatto morire di sfide e delusioni, non è facile dirlo. Può arrivarci un po' strozzata questa frase, con dentro ancora la violenza umanissima con cui avremmo voluto strozzare l'arroganza o la sciatteria da cui siamo stati investiti giorno dopo giorno in aula o lungo i corridoi. Un sussurrare volutamente troppo alto, che ci colpiva pieno di punte.

Si possono dire, queste frasi, anche prima che uno studente ci sorprenda, come atto di fiducia verso un possibile che noi adulti siamo tenuti a riconoscere.

Certo bisogna essere liberati dal rancore e anche dalla delusione, sfiducia, impotenza, per poter pronunciare limpidamente parole così. Bisogna essere adulti.

Ma lei la conosco…

Piccola storia.

C'era una volta nel piatto Nordest una bella ragazzina immigrata, mussulmana, bene integrata, brava e determinata, parlava cinque lingue, vestiva all'occidentale, amica stretta stretta di una bella ragazzina compagna di classe, veneta con pedigree, cristiana, bene integrata, cinque lingue non le parlava ma era proprio brava. Amiche sempre.

La prima cresce, brava, meno integrata, più radicata nel suo essere d'altra cultura, forse spinta, il mondo diventa più estremo. Mette il velo, lascia la classe per le preghiere comandate. L'altra pure cresce, brava, più integrata, più radicata, cita Dante e Bitonci* nei compiti, e i nemici son tutti d'Oltrepo.

* Massimo Bitonci, esponente della Lega Nord, attualmente sottosegretario al ministero dell'Economia e delle Finanze, era all'epoca Sindaco di Cittadella (PD). Una sua ordinanza discussa faceva obbligo per gli stranieri di dimostrare di percepire un reddito minimo per poter richiedere l'iscrizione alle liste dei residenti

Amiche però sempre. Studiano, escono, vanno al cinema.

Un giorno di quinta, ormai tutti adulti, davanti a un saggio breve pieno di immigrati che rubano, violentano e accerchiano, la domanda: «Ma se credi quel che scrivi, poi com'è questa tua amicizia di una vita? Anche lei è d'Oltrepo».

E la bella ormai ragazza guarda la sua bella amica di sempre e con gli occhi di chi un po' non capisce e un po' compatisce: «Lei? Ma lei io la conosco!»

Ecco, la scuola somiglia in questo alla letteratura. Poter dire io lo conosco, li conosco tutti. E nemici mai.

nel Comune. In un compito in classe di letteratura la studentessa scrisse: «Come dicono Dante e Bitonci...» E si parlò di come si citano le fonti.

Di parte

Sulla scuola oggi non si può essere troppo *ecumenici*, bisogna essere di parte, la parte di chi rischia che l'istruzione non sia più un suo diritto, per colpa della crisi economica, della sciatteria politica, del calcolo astuto di chi sfrutta a fini suoi l'ignoranza altrui. E dovrebbe essere la buona politica a preoccuparsi che questo accada, ma non lo fa e allora ci sono i buoni maestri e le buone maestre. A scuola, fuori dalla scuola e, come dire, a scavalco: insegnanti al mattino, volontari al pomeriggio. Sono presenti a spaglio, in quartieri che conosciamo per la loro lunghissima storia di dolore e degrado, come Scampia a Napoli, e poi anche a Milano, Napoli, Reggio Calabria.

Ogni tanto un giornale li intervista e a sentirli parlare si capisce cosa li muove. La fiducia nei ragazzi. La certezza che dare fiducia vuol dire mettere in moto un meccanismo di riparazione nelle loro vite deprivate. Credere che sono capaci, possono sottrarsi a un destino che sembra scritto. E questo riparare passa attraverso la relazione. Che può esistere anche se i ragazzi che si hanno davanti sono tanti tanti, l'importante è che ci interessi davvero quel che sono. Poi certo bisogna dare le parole, la cultura che li tenga lontanissimi dal 5% di italiani inchiodati dall'analfabetismo strumentale, cioè che non sanno leggere, e anche dal 35% di italiani afflitti da analfabetismo funzionale, ovvero che non sono in grado di comprendere istruzioni, articoli, discorsi. Questi maestri non si occupano certo solo di stranieri. Fra le nuove povertà c'è la mancanza di tempo e colpisce ovunque. I genitori sono impegnati in lavori che rubano la relazione con i figli e questi sono soli e anche bocciati. Non è facile per la scuola, oggi è accusata di tutto. L'alleanza con la famiglia e la società è sfaldata.

Oggi è quasi un destino *dover* essere maestri speciali, diversamente maestri rispetto agli insegnanti fannulloni incapaci illicenziabili e quindi impuniti che viaggiano nel pregiudizio della piazza. Ma queste esperienze di maestri diversi sono anche esperienze di socializzazione del problema, come si dice. Nessuna scuola è autosufficiente, neanche se ha tutto quel che le serve e di più. L'autosufficienza è tremendo tarlo che sbriciola la nostra propensione a sentirci solidali, responsabili nel modo in cui possiamo e sappiamo. Per cui va bene questa disseminazione di esperienze d'aiuto, è l'espressione bella del nostro credere che insieme è meglio sempre, che la scuola, la convivenza sono cose di tutti. E c'è anche la possibilità che da queste esperienze arrivino alla scuola, per via obliqua, delle idee precise, tipo che se non si libera la scuola dalla burocrazia a favore della relazione non si va da nessuna parte, che i programmi (non ci sono più in senso stretto, ma non è informazione così conosciuta ancora) passano sempre attraverso la curiosità dei ragazzi, che senza la passione, proprio la passione, per la propria disciplina e per i ragazzi, fare l'insegnante è nocivo.

Parlare di scuola vera è sempre una buona cosa perché ancora una volta si scopre che ciò che non appare è quel che più conta, e mentre la *narrazione* comune di scuola, anche nei libri, insegue perversioni e scandali per vendere forse una copia in più, c'è chi non si permette nessun cinismo passatista e dice che la società può continuare a essere civile attraverso questi ragazzi non più irrigiditi dalla delusione di sé.

La deprivazione culturale è *immediatamente* un ostacolo alla partecipazione sociale (non si capisce di essere ingannati, non si trovano strade condivise, per contrapporsi bastano poche parole) e politica (si crede ai truffapopoli di quartiere e di Stato), allo sviluppo economico (si dipende dal resto del mondo) e alla realizzazione della propria libertà e felicità, perché non possiamo diventare quel che siamo.

E così essere *di parte,* quando si parla di scuola, vuol dire essere dalla parte di tutti.

Scuola

Pubblica. La scuola pubblica è un formidabile laboratorio di integrazione. È oggi l'unico luogo in cui tutti, davvero tutti, si incontrano: italiani, stranieri, ragazzi con disabilità, poveri di cultura e di mezzi e ricchi di tutto. Bisogna che la scuola sia il luogo in cui l'esperienza del giardino reale e di parole sia sperimentata come possibile. E in cui questa esperienza sia stata talmente bella da considerare la realtà che si vuol discostare un'eccezione barbarica. Ci si riesce? Non lo sappiamo, ma davvero con gli occhi bene aperti e con tutti gli strumenti di cui disponiamo, dobbiamo tentare. Non abbiamo di meglio come strumento.

Pur avendo ammirato profondamente le libertà che la Gran Bretagna ha offerto alle molte etnie presenti sul suo territorio grazie a un « multiculturalismo inclusivo » ricco anche di grandi successi, Amartya Sen nella sua riflessione sulla genesi della violenza* critica l'attuale modello scolastico inglese che ha ampliato il numero di scuole confessionali che accedono ai finanziamenti statali, in questo modo andando contro la necessità di « allargare gli orizzonti della comprensione delle altre persone e degli altri gruppi ».** Non si può, dice Sen, valutare la bontà di un sistema culturale da come esso « lascia in pace » le persone di diverse culture, ma da come le mette in grado di scegliere liberamente, attraverso l'istruzione e la partecipazione ai progressi sociali e politici, le proprie appartenenze.***

Un multiculturalismo che abbia come obiettivo una « federazione di religioni o civiltà » può di fatto favorire il conservatorismo culturale,**** ovvero una forma di rassegnata o voluta impermeabilità fra le culture.

Ecco quindi la scuola pubblica come luogo del riconoscimento di essere plurali. Chi devasta la scuola pubblica è un completo irresponsabile. « Con l'aggravante della buona fede » direbbe don Milani, ovvero dell'ignoranza, se di ignoranza si tratta. Nella scuola agire male per ignoranza è

* Amartya Sen, *Identità e violenza*, cit., p. 152.

** Ivi, p. 119.

*** Ivi, p. 152.

**** Ivi, p. 115.

un'aggravante imperdonabile. Ma se tra i derisori politici della scuola c'è chi lo fa per interesse personale o piaggeria verso il potente o ammiccamento verso il peggio di noi che purtroppo è sempre tentato dal cercare il nemico, allora si tratta di crimine verso il nostro futuro, perché è la scuola pubblica il luogo dell'integrazione.

Il problema dell'integrazione ormai tocca tutti, il percorso di disgregazione è partito. Se non è un destino adesso è merito della scuola. La politica e la crisi non ci stanno aiutando per niente. Per questo la scuola è un viaggiare controvento. Necessario e faticoso. E le parole sono il nostro strumento. Così che i ragazzi quando ascoltano in un telegiornale il conduttore che chiede a un ministro dell'Integrazione: «Lei è più interessata alla sicurezza o all'integrazione?», possano questi ragazzi da soli capire la trappola di questa domanda, il sottotesto che vorrebbe dire che l'integrazione è contraria alla sicurezza, mentre è solo l'integrazione a garantire la convivenza.

Solo la scuola?

Certo che no. Ma se intanto non lo fanno anche la politica e la società civile, almeno lo fa la scuola.

Credere nei bambini che le vengono affidati.

Abituarli a pensare che possono fare meglio di quanto abbiamo fatto noi.

Seminare fiducia.

Parlare bene, in modo educato e appropriato.

Rispettare ciascuno.

Non fare preferenze.

Riconoscere che l'intelligenza non è questione di genere, ceto, geografia, potere.

Parlare bene, in modo educato e appropriato.

Coltivare le relazioni.

Argomentare (e non urlare).

Argomentare (e non affermare, asserire, dichiarare).

Educare a partecipare.
Preferire sempre la pace al conflitto.
Parlare bene, in modo educato e appropriato.

Credere nella vita.
Amare la vita.

La scuola che amiamo.

Per concludere

Le prime di queste «parole» furono scritte mentre lavoravo in Trentino come preside di un istituto comprensivo. Erano giorni felici di scuola. Vengono ora ripubblicate in forma ampliata proprio mentre lascio la scuola, con dispiacere e in anticipo, dopo un tempo faticoso, complicato e difficile di servizio nel Veneto. Sono uscita viva (abbastanza viva) da questi ultimi anni grazie ai colleghi docenti, agli studenti e alle studentesse, alla mia splendida segreteria amministrativa. A tutti loro, grazie.

Ogni anno, il primo giorno di scuola, ho inviato una lettera di auguri con qualcosa che può essere riconosciuto come un piccolo impegno, una specie di promessa.

Quelle che seguono sono la prima e l'ultima di queste lettere.

A tutte le bambine e a tutti i bambini della primaria
A tutte le ragazze e a tutti i ragazzi
della secondaria

Questi sono auguri.

In molti abbiamo preparato questo nuovo anno di scuola. Con entusiasmo e fantasia.

Adesso è arrivato. È tutto vostro. Avete tanti giorni davanti, da riempire di allegria e di impegno, perché l'impegno è bello e anche leggero se si è insieme.

A scuola non siamo soli.

Si possono costruire aquiloni più grandi e più « volanti » se si mettono in comune le idee e si prova e riprova senza scoraggiarsi mai.

Si può risolvere un problema difficile se il compagno o la compagna ci dice quel che ha capito e noi invece ancora non siamo riusciti a capire.

Si può andare addirittura dove si ha paura se qualcuno ci è vicino.

È un mondo ancora da disegnare e da scrivere. Questo anno scolastico è tutto nuovo e ciascuno di noi può renderlo bello, per tutti, perché se tutti a scuola trovano il loro spazio e il loro riconoscimento, allora tutti siamo sereni e volano solo buone idee e mai cattive parole.

Le parole possono aiutare molto a farci stare bene. E allora proviamo a dire quelle giuste: ce la puoi fare, grazie! certo che ti aiuto! vuoi studiare con me? ti presto io il libro, leggiamo insieme, come sei bravo! senza di te non sarei riuscita, grazie! proviamo insieme, volentieri, grazie! vedi che era facile? la prossima volta andrà meglio, che meraviglia! io ci sono! noi ci siamo! che splendido anno!

Auguri, buon anno scolastico a tutte e a tutti.

Agli studenti di un istituto superiore

Carissime ragazze e carissimi ragazzi benvenuti.

Voi arrivate a scuola e portate dentro le nostre aule il mondo. Tra voi c'è chi ha avuto una famiglia che lo ha potuto seguire e accompagnare, una casa che lo ha protetto e chi invece arriva dopo un viaggio che non sa raccontare, e qui trova una piccola riva e non sa se dovrà ripartire. Qualcuno di voi ha già conosciuto l'offesa e sappiamo che non è facile studiare quando i pensieri di paura riempiono tutta la testa.

Qui a scuola ciascuno è una persona piena di valore e di diritti, quali che siano i suoi voti. In ogni momento della vostra vita di scuola siete persone chiamate a essere felici, per quanto possibile felici. Vi invito a stare con i compagni senza mai giudicarli, curiosi di conoscere le loro storie, contenti che siano diverse dalle vostre. Vi invito anche a sorridere, e a farlo per primi, è un bel modo di cominciare un rapporto, va bene per tutti, studenti, genitori e docenti, come dice la mia splendida collaboratrice, che già conoscete o conoscerete insieme all'impeccabile vicepreside. Vedete? Lavoriamo in squadra, insieme tutto è più semplice e bello.

A scuola costruiamo una comunità, ci rispettiamo, non difendiamo uno o l'altro gruppo, non alziamo la voce, non cerchiamo di arrivare primi da soli. A scuola cerchiamo fermamente di coltivare la buona lingua per esprimerci, la cortesia delle relazioni, il valore dell'aiuto reciproco nello studio. Si lavorerà insieme per molte ore ogni giorno. Abbiamo il tempo di diventare migliori, di portare un'esperienza bella di relazione anche fuori, in famiglia, sulle strade, sui mezzi di trasporto che prendiamo, e poi nei gruppi e nella politica. Per il bene comune, che è anche il bene nostro. Il bene comune è poter vivere meglio tutti e a scuola possiamo capire che è possibile e bello. Non è vero che il mondo va come va e non lo si può cambiare. I giorni di questo anno scolastico sono ancora tutti da vivere. Potete fare nuove le cose, essere liberi, cortesi, non offendere, portare aiuto. Nessuno è felice di vivere arrabbiato. Tutto questo non è « troppo ». È esattamente quello che chiede alla scuola la nostra splendida Costituzione ed è anche quello di cui abbiamo bisogno come esseri umani: che gli ostacoli alla realizzazione di noi stessi siano rimossi, che nessuno sia escluso. Agli adulti che vi circondano – a noi che siamo a scuola prima di tutto – auguro di sapervi aiutare con attenzione e gentilezza. Buon anno scolastico!

INDICE

MARIAPIA VELADIANO

UNA STORIA QUASI PERFETTA

Un amore così perfetto. O è solo la storia eterna della vittima e del seduttore? Lui è il proprietario e l'anima di un'azienda di design per collezioni di moda, carte e oggetti. Lei, Bianca, insegnante di discipline pittoriche in un liceo delle arti, gli propone una serie di disegni ispirati ai fiori. Disegni bellissimi, luminosi, unici. Lui se ne innamora e, come fa sempre, decide di prendere non soltanto l'opera ma anche l'artista, singolare e incantevole come quei disegni. Comincia il corteggiamento, ma presto si accorge di essere lui ad avere bisogno di lei. Bianca vuole credere a quell'amore, si abbandona. Ma lui ha già ottenuto ciò che voleva e, a poco a poco, come fa sempre, inizia ad allontanarsi. Il mondo intorno osserva immobile. È la provincia elegante e crudele della chiacchiera, che spiuma la verità e la sparge dalle finestre dei palazzi. Tutti a vedere. Tutti pronti a dire come va a finire quando si entra nel gioco di un seduttore. Ma non sempre le storie sono già scritte dall'inizio.

GUANDA

MARIAPIA VELADIANO

LEI

Cosa c'è di divino nell'essere giovane madre di un figlio arrivato per grazia o per caso? Ci si augura per lui una vita buona: che non incontri il male, che il mondo lo accolga o almeno lo lasci in pace. È la storia umanissima di Maria, Madre di Dio bambino, la stessa di ogni madre per cui il proprio bambino è Dio, vita che si consegna fragilissima e si promette eterna. Ma il figlio di Maria è troppo speciale perché la storia sia solo questa e infatti sarà altra, raccontata per generazioni in poesia, in pittura, in musica, nel vetro, nel ghiaccio immacolato, a punto croce, sulle volte delle cattedrali e sui selciati delle piazze.

GUANDA

Fotocomposizione: Macchia Nera di Andrea Bongiorni
Milano

Finito di stampare
nel mese di settembre 2019
per conto della Ugo Guanda S.r.l.
da ELCOGRAF S.p.A.
Stabilimento di Cles (TN)
Printed in Italy